英汉空间范畴习得的多维比较研究

姚春林　郭文琦　褚杨杨　著

哈爾濱工業大學出版社

图书在版编目(CIP)数据

英汉空间范畴习得的多维比较研究/姚春林,郭文琦,褚杨杨著.—哈尔滨:哈尔滨工业大学出版社,2019.6(2024.6 重印)

ISBN 978-7-5603-8370-5

Ⅰ.①英… Ⅱ.①姚… ②郭… ③褚… Ⅲ.①英语-对比研究-汉语 Ⅳ.①H31

中国版本图书馆 CIP 数据核字(2019)第 129561 号

策划编辑　闻　竹
责任编辑　陈　洁　张羲琰
出版发行　哈尔滨工业大学出版社
社　　址　哈尔滨南岗区复华四道街 10 号　邮编 150006
传　　真　0451-86414749
网　　址　http://hitpress.hit.edu.cn
印　　刷　黑龙江艺德印刷有限责任公司
开　　本　787mm×960mm　1/16　印张 10　字数 237 千字
版　　次　2019 年 6 月第 1 版　2024 年 6 月第 2 次印刷
书　　号　ISBN 978-7-5603-8370-5
定　　价　78.00 元

(如因印装质量问题影响阅读,我社负责调换)

序

认知和教学是语言学研究的两大领域。如何将二者结合起来,从认知角度研究教学并从教学角度研究认知,这是很多教育工作者一直思索的问题。近日读到《英汉空间范畴习得的多维比较研究》这部书稿,甚为欣慰。书中的一些研究结论正是我近期一直思考的问题。读了这部书稿,有茅塞顿开之感。

之所以在未出版前就能一睹书稿的风采,与我和书稿作者的校友关系有关。我和书稿作者姚春林老师是中央民族大学的校友,我俩都曾在这所大学攻读过博士学位。他比我入校早,待我入校学习的时候,姚春林老师已毕业。虽在中央民族大学未曾谋面,但也耳闻了一些他的励志故事和学业成就。

博士毕业后我来到华北理工大学工作,和姚春林老师成为同事,这让我对他有了进一步了解。后来我加入了他主持的河北省哲学社会科学项目"英汉空间概念习得的多维比较研究"课题组,更加了解了姚春林老师。他踏实认真的研究作风以及严谨敏锐的思维能力,是非常值得我学习的。

因为参与了"英汉空间概念习得的多维比较研究"项目的部分研究工作,我对这项研究有大致了解。近日读到著作初稿,我感到震撼。这部书稿的内容与课题结项时的研究报告相比有了质的飞越,研究内容更加翔实,材料更加丰富,结构更加严谨,不仅保留了英汉空间词语母语习得的研究以及英语空间概念作为外语习得的研究,还增加了对空间词语语义特征的描写。语义网络和语义特征的描写更有助于分析空间概念习得的特点,帮助读者更好地把握习得部分的内容。应该说,这部分内容增强了书稿的逻辑性,是非常必要的。

本书通过翔实的第一手资料研究了汉语母语大学生习得英语空间词汇的特征。这部分研究从"小处"着手,专注于汉语母语学习者英语空间概念的习得,结论的归结点很有深度,论证了"外语空间概念习得不符合'皮亚杰假说'"。这种从细微具体事物到普遍理论的研究思路,既避免了"采集蝴蝶标本"式的"个案研究",又克服了空谈理论的弊病,正是现代研究应推崇的研究理念。另外,这项研究在选择调查对象时充分考虑了学习者的母语特征、专业、性别等学习者的个人因素,使得研究结论更加客观合理。这一细节彰显了姚春林老师的社会语言学背景。

本书描写英语空间介词的语义网络和汉语空间词语的语义网络时都采用了认知语言学理论,这一研究思路很值得借鉴。尤其采用查找词源的办法确定每个英语空间介词的原型意义，然后从原型意义出发描写其具体意义，这种研究方式对英语空间概念语义的把握更加准确，更有说服力。

非常感谢姚春林师兄将未出版的书稿拿给我一睹为快。希望他今后在学术的道路上一帆风顺，多出高质量的成果，也希望我们的友谊地久天长。

李东伟博士

华北理工大学副教授

2019 年 3 月 11 日

前　言

本书从语义层面探讨英汉空间概念的异同;从母语习得和外语习得角度调查英汉空间概念习得的相同点和不同点。研究结论验证了皮亚杰假说,也分析了文化因素对语言习得的影响。依照研究结论,提出了空间概念习得的教学意见。研究结论具有一定的学术价值和实用价值。

第一章简要回顾了英汉空间概念研究现状、取得的成就及存在的不足,指出本文的研究内容、研究方法和研究意义。第二章采用认知语言学分析模式,描写英语空间介词的语义网络,并区分了空间概念的语义异同。第三章采用认知语言学分析模式,分析汉语“上”“下”“中”“内”“里”的语义网络,并比较汉语空间概念词语与对应的英语空间词语的异同。第四章系统梳理了现有文献中关于汉语母语儿童和英语母语儿童分别习得母语空间概念时表现出的异同。第五章在实地调查的基础上,分析受试英语空间介词习得的特点。第六章探讨了影响受试英语空间概念习得的因素:教学大纲对空间介词习得要求较为模糊、缺乏学习英语的环境、受试对习得词汇的要求过低等。第七章为全书总结,即总结研究结论,提出教学建议,同时指出本书研究的不足,并对今后的研究进行了展望。

此书是天津城建大学博士启动项目的成果,同时获得2017年度河北省社会科学基金项目(HB17YY038)资助。全书由天津城建大学姚春林老师、东莞职业技术学院郭文琦老师和华北理工大学褚杨杨老师共同完成。其中郭文琦老师和褚杨杨老师共同完成第二章的内容(共计6万字);本人负责其余部分,统稿并修改全书。

写作过程中查阅了很多相关文献,也做了大量田野调查,试图清晰而客观地展现英汉空间概念的异同。但由于能力有限加之时间仓促,本书对一些问题的探讨还比较肤浅,也存在一些不足之处,欢迎读者批评指正。

姚春林

己亥年元月

目　　录

第一章　绪　论

空间概念(如汉语的“上、下、左、右、前、后、内、外”;英语的“on,over,above,in,under,below”,等等)是人类基本认知能力之一,所有语言都用一定的方式表达空间概念。语言学界研究人类认知能力时大多关注语言中空间概念的表达方式,希望通过比较不同民族空间概念的表达和习得的异同,揭开人类认知能力的共性和差异之谜。这已成为语言学研究的重要领域。

英语中空间概念常用介词(preposition)表示。介词是英语中使用频率较高的词类之一,多为多义词。据调查,介词在话语中的出现率为15%左右(刘龙根、胡开宝,2007)。汉语的空间概念常用名词表示,这些名词也是常用词语。表示空间概念的词语常在其基本意义的基础上经不同范畴化(categorization)过程形成隐喻义。由于不同民族的生活环境不同,表示空间概念的词语在不同语言中的范畴化过程和结果不同,不同语言使用者习得空间概念词语的进程和先后顺序也不同。在外语学习中,这些空间概念更是语言学习者的学习难点和瓶颈。了解不同母语者习得空间概念的特点,可以借此分析人类认知的异同、特点和规律;了解外语习得者在使用目的语空间概念时容易犯的错误,找出导致偏误的原因,可以帮助他们更好地习得目的语。

一、研究意义

比较英语和汉语的空间概念,调查英汉空间感在母语习得中的异同,以及英语空间概念在母语和外语习得中的异同,能够为认知研究、语言本体研究及语言教学研究提供个案,具有一定的理论意义和实践意义。

1. 理论意义

第一,从不同角度研究英语和汉语空间概念习得的异同,进一步验证“皮亚杰假说”,为探讨不同语言空间范畴的异同提供个案,丰富认知语言学理论。目前,学术界乃至整个社会已经认识到,丰富的语言文化中包含着丰富的信息与资源(Yao & Zuckermann,2016;姚春林,2013,2018;姚春林、贾海霞,2016)。要研究人类认知的特点,不但要研究单一语言蕴含的认知特点,更应该重视多语比较研究。

第二,研究结果可丰富外语习得理论。空间概念产生的时间非常久远,使用时间久,义项丰富,各义项关系复杂。一般情况下,字典释义时只给出词语的义项,不解释义项间的关系。二语(或外语)教学中,尤其是中国的英语教学中,教师很难讲清楚各义项间的关系,只能要求学习者把介词的某些用法当作固定结构,硬背下来。认知语言学以体验哲学为基础,采用认知模型(cognitive model)理论解释部分英语介词,为研究介词提供了全新的研究思路。但截至目前,语言学者通常仅从母语者的角度,对英语、汉语等语言的空间关系进行认知解读。本研究将从外语习得者的角度,研究英语空间介词范畴化的过程,调查汉语母语大学生学习英语空间介词的特点,研究母语空间范畴、学习者个体差异对英语空间介词习得的影响,为探讨外语习得理论提供个案。

2. 实践意义

第一,研究汉语母语大学生英语空间介词的习得,找出其在英语空间介词习得中存在的问题,探讨造成问题的原因。研究结果可为英语教学和英语学习提供理论指导,还可以服务于英语教材编写。

第二,研究成果对教材编写、词典编纂等图书出版提供参考借鉴。

第三,研究成果对普通语言学一般理论、脑科学研究、人工智能研究也有一定的借鉴意义。

二、主要研究内容

分别研究英语空间概念母语习得特点、汉语空间概念母语习得特点,以及英语空间概念作为外语被汉语母语者习得的特点。研究汉英空间概念作为母语习得时,研究对象为婴幼儿,只能采取跟踪观察的研究方法。这将耗费大量时间。由于时间的限制,本研究探讨汉英母语空间概念时采用第二手资料,通过研读文献,总结汉英母语空间概念习得的异同。

研究英语空间概念作为外语习得时采用实证研究法,以测试、访谈、问卷等方法采集汉语母语大学生英语空间介词习得的数据,探讨影响汉语母语大学生英语空间介词习得的因素。

英语空间介词共有 30 个左右(Quirk,et al.,1985)。本书仅探讨汉语母语大学生习得 on,over,above,in,under,below 六个空间介词的情况。之所以选择研究这些介词的习得,主要基于以下两点考虑:

第一,这些介词都很常用,并且其用法和使用频率在不同地域的英语母语者之间差异较小(Quirk,et al.,1985)。

第二,这些介词按照语义可分为三组:与汉语“上”意义相似的 on,over 和 above;与汉语“下”意义相似的 under 和 below;与汉语“中”意义相似的 in。这三组词中,除第三组只有 in 一个词外,其他两组内部的语义都有差异,每组词与对应汉语词的意义也不完全相同。

语言是以第二符号系统存在于人脑中的。学习英语以前,汉语母语者在大脑中已经有一套完整的符号系统。当把英语作为第二语言习得时,需要在第一套语言符号系统外重新建立一套语言符号体系。在这个过程中,第一语言系统与第二语言系统的异同以及第二语言系统内部成分的相似性,决定了构建第二语言符号系统的难度。在第二语言习得研究中,第一语言系统对第二语言系统造成的影响被称为语际迁移(interlingual transfer);第二语言系统内部成分的相互影响被称为语内迁移(intralingual transfer)。研究这六个介词的习得,既可以考察汉语母语大学生英语介词习得中的语际迁移,又可以考察其语内迁移。

具体来说,研究汉语母语大学生英语空间介词习得,可以回答以下问题:

第一,汉语母语大学生学习英语空间介词容易犯哪些错误?介词中心意义的习得偏误与隐喻意义的习得偏误有何不同?

第二,英语空间介词习得是否与学习者个体因素有关?如果有关,哪些因素影响英语空间介词习得?

第三,通过研究汉语母语者英语空间介词习得,探讨外语习得者学习英语空间介词在多大程度上受母语空间范畴的影响,为研究不同语言空间范畴方式存在的异同提供个案。

三、相关研究动态

国内外学者从不同角度研究了英语空间概念和汉语空间概念。现代语法研究起源于西方,因此英语空间概念,尤其是英语空间介词的研究成果更为丰富一些。不同语言学流派在介词的定义、介词的本体、介词习得等方面做了大量探讨。

(一)介词的定义

英语中介词的历史并不长,大约出现于中古英语时期(12 世纪到 15 世纪中叶),是在英语由以综合性手段为主的语言(古英语)向以分析性手段为主的语言(现代英语)转化过程中,由副词演变来的(李赋宁,1991)。英语介词数量有限,但使用频率较高。空间介词是介词中重要的一类,许多其他种类的介词都是由空间介词派生的。不同学派的语言学家从不同角度对介词进行了研究。

要研究介词,必须明确什么是介词。Quirk, et al. (1985)认为,英语的中心介词可以用三条标准从反面下定义,即介词不能以 that-结构、不定式结构或人称代词的主格形式做宾语。例如,以下例句都不符合语法规则:

(1) * She looked at that Tom ran to her.

(2) * She looked at to run to her.

(3) * She looked at he.

需要指出的是,介词有中心成分和边缘成分之分。越靠近中心的介词,越符合以上三条规则;一些靠近边缘的介词,可能违反其中的某条规则。例如 of 被认为是介词,而"I was not certain of what to do(我不能够确定将要做什么)"是可接受的。在此句中,of 后带有不定式结构,违反了第二条规则。

Quirk et al. (1985)认为,可以根据"维度"(dimension)将空间介词分为表示"点"的 0 度空间介词(to, at, away)、表示"线"或"面"的 1 度或 2 度空间介词(on, onto, off)和表示"面积"或"容积"的 2 度或 3 度空间介词(in, into, out of)三类。

(二)英语空间介词本体研究

英语在由以综合性手段为主的语言(古英语)向以分析性手段为主的语言(现代英语)逐渐转变的过程中,英语"格"的语法功能逐渐消失,一些副词转变为介词,代行英语"格"的职能。随着英语的发展,词与词之间的语义交叉逐渐减少,介词的语义逐渐固定下来。传统语言学、功能语言学、生成语言学以及认知语言学从不同角度研究了英语介词。

1. 传统语言学的介词研究

传统语言学主要从语义方面研究英语介词,强调介词与名词和代词的组合关系。在近代英语语法研究中,Quirk et al.(1985)的《英语语法大全》(*A Comprehensive Grammar of the English Language*)被认为是传统语言学研究语法的典范。国内的英语语法著作(薄冰《薄冰新编英语语法》,张道真的《实用英语语法》,章振邦的《新编英语语法教程》)大多参照此理论体系编写而成。在这部语法书中,Quirk et al.(1985)按照构词成分将英语介词分为简单介词(in,on 等)和复杂介词(because of,on account of 等);又按照意义将介词分为空间关系介词、时间关系介词、原因/目的关系介词、手段/施动者关系介词以及其他关系介词等。在空间关系介词部分,Quirk et al.(1985)概括了空间关系介词短语的三类句法功能:做名词词组的后置定语(post-modifier in noun phrase),做状语(adverbial),做动词或形容词的补足语(complementation)。

在以后的研究中,Baltin & Collin(2000)注意到,空间介词的句法功能存在歧义现象。例如在"He saw the beautiful girl in the classroom"这句话中,介词短语 in the classroom 既可做名词词组的后置定语,修饰 the beautiful girl;又可做状语,修饰句子的动词 saw。把句子变成疑问句"Which girl did he see?"或"Which room did he see the beautiful girl in?"时,句子的歧义可消除。

另外,Thomson & Martin(1986)指出,空间介词通常表示地点。但传统语言学没有区分具体地点(concrete domain)和抽象地点(abstract domain)。例如,传统语言学把介词短语 in the room 和 in my opinion 都看作空间介词短语,但两者在表示空间关系方面是不同的。

2. 功能语言学的介词研究

功能语言学代表人物 Halliday(1994)的介词观主要包括两点:第一,词语可划分为名词性成分和动词性成分两类,介词和动词一起,属动词性成分;第二,严格区分介词词组(prepositional group)与介词短语(prepositional phrase):介词短语是缩小的句子,介词词组是膨胀的词,并认为介词短语没有"中心词+修饰词"或"修饰词+中心词"的逻辑结构。介词词组在小句的语气结构中做附加语,既可像副词词组一样做情景附加语或人际附加语,又可像连词词组一样做连接附加语;同时还可在名词词组或副词词组中做后置修饰语。介词可以解释为次动词。从概念功能上讲,介词是一个次过程;从人际意义上讲,介词是一个次谓语成分。

Halliday 将介词区分为介词词组和介词短语,受到系统功能语言学派一些人的批评。以 Fawcett 为首的功能语言学加的夫派不同意 Halliday 的做法。他们不区分介词词组与介词短语,把二者统一当作介词词组进行功能句法分析,而且介词词组的参与者角色也不限于环境成分和状语等(黄国文,1999)。我国学者也有人对 Halliday 的观点提出质疑。杨炳钧(2001)指出,Halliday 在分析介词短语时,将介词界定为谓体,但认为介词短语是非谓体句,前后不一致。事实上,在分析介词短语时,Halliday(1994)专门在谓体上加了引号,这究竟是把介词当作谓体中的谓体,还是说介词是一种所谓的谓体?如果是所谓的谓体,那为何把它明确划归动词性成分?在这一点上,Halliday 的观点是模糊的。杨炳钧(2001)还指出,Halliday 的功能语言学在解释介词原型意义方面和介词短语逻辑结构研究方面,都存在不完善的地方。

3. 生成语言学的介词研究

Chomsky 创立的生成语言学经历了古典理论阶段、标准理论阶段、扩展标准理论阶段、管辖与约束理论阶段和最简方案阶段等多个发展阶段。在研究初期,Chomsky 认为,句子由语法规则生成,可通过有限的规则(S=NP+VP;VP=V+NP;PP=P+NP;NP=Det+N)生成人类的语言(胡壮麟、姜望琪,2002)。人们可以生成“I put the pen on the desk”这样的句子,而不能生成“I on the desk put the pen”这样的句子,因为有 S=NP+VP+PP 这样的规则,而没有 S=NP+PP+VP 这样的规则。在以后的 X-杠(X-bar)理论中,介词被当作一个参数(P-bar)引入形式语言学,它与动词一样被统称为谓词。谓词对其后的词具有控制(dominate)作用。

生成语言学主要从形式上研究语言,并不关注语言的功能。他们把研究的重点放在句法层面,不关心句法之下的短语、词等成分。生成语言学仅仅把介词看作生成规则中的一个规则或部件,并没有深入研究介词。虽然生成语言学没有对介词做深入研究,但其在研究中忽视语义的做法,导致了认知语言学的产生与发展。认知语言学尤其是认知语言学中的认知语义学,对介词做了大量研究。

4. 认知语言学的介词研究

传统语言学派对介词的研究做出了很大贡献,但其难以用明确的规则概括和解释多义介词各义项间的关系。他们通常只关注介词的中心义项,缺乏对多义介词的系统的理论解释。认知语言学把语言看作人类认知能力的一部分,把空间介词看作空间范畴化的结果。通过范畴化,认知语言学家能够看到多义介词杂乱表面背后高度结构化的本质。

不同认知语言学家分析空间介词的方式不同。Lakoff(1987)以意象图示为基础,从意象图示的射体(trajector)、界标(landmark)以及所经过的路径(path)三方面解释了 over 的多义现象。他认为 over 的意义可以归为七类:above-across 意义、静态 above 意义、covering 意义、折回图示意义、过量图示意义、重复图示意义、隐喻意义。Taylor(2001)在他人研究的基础上,把 over 的 17 个义项根据家族相似性归为四类:表示上方运动、表示覆盖关系、表示静态居上以及表示路径终点关系。Goddard(2002)采用相同的方法分析了英语介词 on 的原型意向图示,以及各种语义关系和语义延伸途径。他认为,on 的意义主要包括四种:第一,原型意义为“简单接触”且“位置稳定”,例如,a book on the table;第二,原型意义的“简单接触”延伸为“部分接触”,进而有了“附着”的含义,且保留原型意义的“位置稳定”,例如,a hat on the head;第三,与第二项相比,仍保留“部分接触”的意象图示,但“位置稳定”的意象图示延伸为“稳定的部分-整体关系”,类似所属关系,例如,the handle on the door;第四,与第一项相比,从“物质性的、可分离的接触”延伸为“非物质性的、不可分离的接触”,从而在视觉上具有简单接触的特征。

我国学者在引进国外研究成果的同时,进行了大量英汉空间介词的对比研究。蓝纯(2008)研究了汉语的“上”“下”以及英语的 up 和 down,发现这两组概念既有相同之处又有不同之处。在空间概念方面,两组介词除表示垂直关系外,还可表示水平关系,“上”和 up 表示向前,“下”和 down 表示后退。除空间概念外,两组介词都可表示抽象概念,如状况(states)、数量(quantity)、时间(time)、社会等级(social hierarchy)等。汉英文化中,“上”义概念(汉语的“上”和英语的 up)有积极的意义,通常表达人们渴望得到的东西;反之,“下”义概念(汉语的“下”和英语的 down)表示消极意义。不同方面主要是:汉语“上”“下”抽象概念的使用频率多于英语 up 和 down 抽象概念的使用频率;推溯历史,汉语用“上”表示,英语用 down 表示;展望未来,汉语用“下”表示,英语用 up 表示。通过以上分析,蓝纯认为,人类具有相同的空间隐喻系统。王寅(2007)对比了英语介词 on,over 与汉语的“上”。他指出,汉语的“上”与英语的 on,over 经历了不同的引申途径,而且意义范围也不完全相同。汉语中的“出”有类似英语 on,over 的引申方法,这显示了语义引申的民族性。王寅认为,人类存在不同的认知途径和方式。

(三)英语空间介词习得研究

英语介词是常用词,也是学习者较难掌握的词类之一。外语学习者学习空间介词时,很大程度上是对外语空间概念系统的一个重构过程。在这个过程中,学习者不可避免地会受母语和外语空间范畴系统的双重影响,增加了英语介词习得的难度。

国外针对介词习得的研究较多,综合来看,这些研究大体可分为两类。

第一类研究重在考察非范畴化因素,如习得顺序、学习策略、学习环境、关键期等对介词习得的影响,如 Mougeon et al.(1979),Pavesi(1984),Schumann(1986),Munnich(2002)等人的研究。这类研究的不足是:第一,没有对影响介词习得的变量进行严格控制,从而影响了结论的准确性;第二,虽发现母语迁移是影响介词学习的一个主要因素,但没有挖掘造成迁移的深层因素,即母语和目标语的空间范畴化系统对介词习得的影响;第三,研究者没有分析母语和目标语在空间语义上的异同,因此无法解释这种异同与介词习得难度的关系。

另一类研究从空间范畴化角度,探索范畴成员的典型性(prototypicality)、母语的空间概念、母语和目标语在空间语义分类和语言结构上的差异等因素对介词习得的影响。Ijaz(1986)以原型理论为基础,研究 20 多种母语背景的学生如何学习英语介词 on,onto,upon,on top of,over 和 above。他发现,语义成员的原型特征、母语的空间概念结构以及母语和二语在空间语义上的差异是影响介词习得的三大因素。Ijaz 研究的不足是:第一,在分析介词的语义特征时,把物体的几何形状也归入空间关系特征。比如说,[表面接触](surface contact)表示两个物体之间面的接触关系,[高度](elevation)则指某物体自身的几何特征。Ijaz 把后者视为空间关系特征,使介词的语义特征过分臃肿。第二,实验问卷包括单义介词(如 upon)和多义介词(如 over)。显然,这两种介词的复杂程度不同,对学习者的影响也不同。把它们放在一起,不能剥离认知复杂度对习得的影响。

Correa-Beningfield(1990)考察了空间范畴的典型性和母语迁移两个因素对空间介词习得的影响。通过研究西班牙语母语学习者习得英语介词,他发现,介词语义的正、负迁移与母语和目标语的典型意义是否一致没有整齐的对应关系。他的研究缺陷有二:一是只关注介词原型语义成员,没有进一步区分原型成员和非原型成员的不同;二是没有指明界定原型成员的标准。

Jarvis 和 Odlin(2000)调查了母语和目标语的语言结构以及母语中表空间关系的语素对介词习得的作用。对 70 名瑞典籍和 140 名芬兰籍英语学习者的调查表明,母语中表空间关系的语素有迁移现象。此外,母语和目标语在语言结构和语义上的共性和差异会产生正、负迁移。

Ijaz(1986)、Correa-Beningfield(1990)及 Jarvis 和 Odlin(2000)的研究虽挖掘出制约二语习得中介词语义习得的一些深层因素,如母语的语言结构、语义系统以及母语和目标语在结构和语义上的异同,却忽略了习得者个性差异对空间介词习得的影响。

与国外研究相比,国内对英语介词习得的研究较少,且集中于研究汉语母语学生英语介词的习得,如骆雪娟(2005),马书红(2005,2007),李佳、蔡金亭(2008)等。这些研究把习得者统称为"中国学生",认为学生仅仅掌握标准普通话,没有考虑学生实际掌握的方言对英语空间介词习得的影响。另外,三组研究结论有同有异。相同方面:她们都发现,以汉语为母语的学生,英语介词习得受汉语空间范畴化影响较深,大部分学生对空间介词核心意义习得较好,对非核心意义习得错误率高。不同方面:骆雪娟(2005)和李佳、蔡金亭(2008)的研究结果显示,英语习得中,高水平学习者较少受母语空间范畴的影响,空间介词语义的习得与英语知识同步发展;马书红(2005,2007)的研究表明,外语学习者英语空间介词语义知识的习得与整体英语语言能力的提高不同步。

国内英语空间介词的研究的受试多为英语专业学生,并且没有考虑学生个体差异对介词习得的影响,所得结论也并不完全一致。英语空间介词语义习得与英语语言能力的提高是否同步,非英语专业学生英语空间介词习得情况如何,学生的个体差异是否影响英语空间介词的习得,习得不同复杂程度的介词时有何异同……这些研究还都是空白。

需要强调的是,国内外研究者大多关注介词空间意义的习得,较少关注其隐喻义习得。而介词的隐喻义与语言使用者的文化背景及自身经验关系密切,也是介词习得中较难掌握的部分。考察介词隐喻义的习得,可以更加深入地了解影响介词习得的因素以及不同母语者的认知差异。

英语介词数量有限,但大多意义较为复杂。语言学家从不同的角度对介词做了很多研究,但还存在不足之处。尤其是国内关于英语空间介词习得的研究成果比较少,也没有综合运用社会语言学和认知语言学理论,全面细致考察空间介词习得的研究。如何科学合理地解释英语空间介词的语义,找出各义项之间的关系,研究单一母语者习得英语空间介词的特点,找到影响英语空间介词习得的各种因素,帮助学习者更好地学习英语空间介词,是接下来需要努力的方向。

(四)汉语空间概念研究

现代汉语普通话中表达空间概念的词汇较多。按照语义特征,这些词汇可以分为两大类:第一类是表示绝对位置的词汇,如"东、西、南、北"等;第二类表示两个或多个事物间的静态关系或相对位置。后者还可以细分为四小类:表示水平相对关系,如"前、后、左、右"等;表示垂直相对关系,如"上、下"等;表示容器关系,如"里、内、中、外"等;表示泛方向关系,如"旁、旁边、附近、周围、中间"等。国内外语言学者以不同视野研究了汉语空间词汇的性质、语法特征以及用法特点。

1. 传统语言学对空间词汇的研究

早在1917年,吕叔湘先生在《中国文法要略》一书中就研究了方位词。他先把汉语词汇分为实义词和辅助词两类;其中实义词包括名词、动词、形容词三小类;辅助词包括限制词(又称副词)、指称词(称代词)、关系词、语气词四小类。限制词还可进一步分为方所限制、时间限制、动能动相限制、程度限制、判断限制、一般限制;指称词可具体分为三身指称、确定指称、无定指称、数量指称、单位指称;语气词分为语中语气词、语尾语气词、独立语气词。虽然将现代汉语的词类进行了以上划分,但吕叔湘先生感觉到这种分类方式存在不妥之处。他指出,除以上词类名称外,还应该增加一些词类名称,如方所词、时间词等。其中方所词包括方所限制词(这里、那里、到处等)和表示方所的名词(室内、书中、地下等)。也就是说,在20世纪初期,吕叔湘先生就认识到汉语中的方所词(即本书的方位词)是一种特殊的词类,兼具实词和虚词的性质。

语言学家赵元任先生(1968,1979)认为,汉语的词类可以分为体词、动词及其他词三大类。体词的功能如下:做动词的主语或宾语的词,做另一体词的修饰语(一般带从属后缀"的"),做名词性谓语。体词还可进一步细分为名词、专有名词、处所词、时间词、D-M复合词、代名词、区别词、量词、方位词。其中前六种为自由词类,可独立使用甚至独立成句;后两种需要附着在其他词类后面使用;区别词较为特殊,除少量可单独使用外,大多需要附着在其他词类前面使用。也就是说,赵元任先生认为,汉语中应包括处所词和方位词两类词,并且这两类词都应该独立于名词之外。处所词应用在"在……,到……,到……去,上……去,从……来,望……走"的结构中,具有体词的功能;而方位词是一个语素(如"上")或语素组合(如"上头"),跟它前面的从属于它的体词合起来构成一个处所词(如"桌子上")或一个时间词(如"晚上")。这一分类方式虽有利于从句法角度分析句子,但无法揭示方位范畴和处所范畴的不同(方经民,2002)。

张斌先生(文炼,1957,1989,1993,1995,2005;文炼、胡附,2000)也曾多次论述汉语空间词的性质。他认为不能将汉语的词类简单地二分为实词和虚词,因为有些词同时兼具实词和虚词的特征。为此,他在实词和虚词下面分别设了实词附类和虚词附类。附类是指具有本类词汇以外其他类别特征的词类,例如方位词是名词的附类,因为方位词是带有虚词性的实词;方位词单用时的功能与普通名词相同,体现其实词性;但方位词还可以附着在其他词类后面,这类似于虚词中的介词,只不过汉语的介词是前置词而方位词为后置词。仔细分析以上附类的提法会发现,这一思想与认知语言学中的家族相似性、典型成员与非典型成员等概念有相似之处。方位词等附类词是所在词类中的非典型成员,通过家族相似性与其他词组成一个大类。

其他学者也从传统语法角度探讨了汉语中的方位词。邢福义先生(1996)认为,方所是包含处所和方位的空间范畴,具体可再细分为定域处所、非定域处所,纯方位和附用方位等。储泽祥(1997)认为,现代汉语方所的最大特点是有一定数量的方所标,这是方所词的标记形式;方所词的意义较为复杂,主要体现在方位标的位相情貌上;方所词在成句时有时需要与介词连用,但这种方所词对介词的依赖程度较弱;即使必须使用介词的地方,也往往是句法结构的需要而不是方所表达的需要。齐沪扬先生(1998)认为,汉语的空间系统包括方向系统、形状系统、位置系统等三个子系统,其中方向系统是静态的,位置系统是动态的,形状系统介于方向系统和位置系统之间。同时认为现代汉语的位置句和位移句可以用配价理论解释,汉语的单向动词、双向动词和三向动词分别对应不同的空间系统。刘丹青(2003)的研究不关心方位和处所的区别,而是将方位词看成后置词跟前置词(介词)的统一体,将二者联系起来分析,从而形成框式结构的概念。这是对空间范畴研究的一大突破。

2. 认知语言学对方位词的研究

近些年随着认知科学的兴起,语言学者开始从认知角度研究汉语的空间概念,并探讨汉语母语者的空间认知特点。廖秋忠先生(1981,1983,1989,1992)早在 20 世纪 80 年代初就探讨了现代汉语时空概念的参照点。他认为,任何方位词都离不开空间参照点,参照点的选择与语境因素相关。从篇章句法来看,时空参照点一旦出现在上文或可以从上文意会出来,那么本句中如果仍用同一参照点定位时,就有省略不提的可能。某些情况下,参照点可以不出现在本句中而出现在上文,原因在于背景知识可以补充参照点信息,但是总体来说,这类句子属于语义不完备的句子。从篇章层次来看,一个参照点可以被多个句子、分段、段落、章节共享,篇章中参照点的分布情况既是语义上的承前省略也是支配范围的持续。

刘宁生先生(1994,1995)曾考察汉语空间词汇的特征,并研究了汉语母语者的认知特点。他认为,汉语表达空间关系时通常会选取一个参照物,用参照物与目的物的关系表现空间关系。参照物往往是那些较大的、固定的、持久的、复杂的、已知的物体,也就是说,汉语表达空间关系时不倾向于把具有较小、移动、暂时、简单和未知等特征的名词性成分放在句中表示处所意义的位置上。在语法层面,汉语短语结构"中心语"的基础是目的物,而"修饰语"的基础是参照物。由于汉语空间结构在选择参照物或目的物时不是随意的,汉语中的偏正关系也是不可逆的,我们可以说"湖中心的亭子""亭子周围的湖"却不能说"亭子的湖中心""湖的亭子周围",原因就在于选择参照物的限制。在选择汉语空间词汇时,不仅要考虑物体的几何图形,还应该考虑物体的凸显部位,这就是为什么既可以说"飞机上"又可以说"机舱里"的原因。

方经民先生(1987,1999,2002,2004)发表的一系列论文探讨了汉语空间范畴的性质和特点。他认为,现代汉语的空间范畴可分为地点域和方位域两类,方位域还可进一步分为方向域和位置域。地点域是零维的"点"区域;方向域是一维的"线"区域;位置域是二维的"面"区域或三维的"体"区域。在表达汉语方位范畴时,需要选择参照点。参照点的选取方式分为绝对参照、相对参照、自身参照、他物参照、内部参照、外域参照等几类。现实生活中参照点的选择受叙述方式、方向参照、位置参照等因素的影响;具体方位词的选择由语境中有无观察点、是否直接描写作为观察点客体的朝向、有无兼做观察点的客体的固定朝向特征、有无方向辨认可能性、方向视野的可能性等因素决定。按照方位语义和语用特点,汉语的名词可以分为三类:先天处所词、可选处所词、非处所词。先天处所词不需要加任何方位成分即可表达空间范畴,如"中国""河北"等;可选处所词表达空间范畴时可以添加方位成分,也可以不添加方位成分,如"黄山""花园"等;非处所词表达空间范畴时必须与方位成分连用,如"黑板""汽车""思想"等。非处所词既包括具体名词又包含抽象名词,也就是说,现代汉语方位域表示的空间范畴包括自然空间、物体空间、社会空间、心理空间等多种形式。

第二章　英语空间介词语义分析

研究英语空间介词的习得，首先应了解英语空间介词的具体意义。这里所讲的“意义”，是指介词在不依赖语境、不考虑语用条件的含义，也就是 Leech（1974）所讲的概念意义（conceptual meaning）。一般来说，词典给出的就是词语的概念意义。通常情况下，词典给出的词语意义各义项相互独立，使用者很难发现义项间的关系。认知语言学以辐射范畴模式（Brugman，1981；Lakoff，1987；Taylor，2001；Sandra & Rice，1995）、图式网络模式（Hawkins，1984；Langacher，1988）、原型化模式（Tyler & Evans，2003）、逻辑历时模式（Vandeloise，2004）等理论，探讨英语空间介词（有些理论模式还探讨空间副词以及表示空间关系的词缀）的语义以及各义项的内部联系，揭示了介词各义项的形成机制以及生成理据。

空间介词的基本意义是表示两个物体的空间关系。通常情况下，认知语言学用射体（Trajector，简写为 TR）和界标（Landmark，简写为 LM）以及二者的关系展示空间介词的意义。

Tyler & Evans（2003）在前人研究的基础上，提出了介词语义的原型化模式（proto-scene model）。他们认为，介词语义都有一个原型场景，可将原型场景与语境中其他语言信息及背景知识进行概念整合，构建具体含义。他们以历时调查的方式，为每个介词确定一个原型情景（proto-scene）。将原型场景与具体语境信息进行概念整合，形成具体含义。某些直接或间接的具体含义经过语用强化，得以规约化，成为该介词的新义项。需要指出的是，并不是所有具体含义都会成为新的义项。Tyler & Evans（2003）制定了两条标准，以区分义项与不能脱离语境的语用含意：第一，具有与原场景不同的射体-界标关系或非空间意义；第二，该意义必须可以脱离原有语境而独立存在。通过这种分析方式，介词可表示成以原型情景为中心的一个语义网络。

本书选用 Tyler & Evans 的原型化模式分析英语主要空间介词的语义，主要是因为其他的研究模式都或多或少存在“重自省轻视其他语料、重共识轻历时”的不足（黄月华、白解红，2006）。以下主要参考 Tyler & Evans（2003）的原型化模式，简要分析英语空间介词的语义。

第一节　in 的语义分析

根据《牛津英语大词典》，介词 in 与 on 在古英语中的形式同为 a 或者 an，其最初意义表示在某物之上或某物之内，相当于现代英语的 on 和 in（Murray，1933）[①]。中古英语（公元 1150—1500 年）时期，in 的用法逐渐固定。现代英语中，介词 in 是一个表示三维概念

---

① 现代西班牙语和葡萄牙语分别用“en”和“em”表示与英语介词 in 和 on 对应的概念。也就是说，英语介词 in 和 on 对应的概念在现代西班牙语和葡萄牙语中是同一个词。这可看作古印欧语在现代西班牙语和葡萄牙语中的遗迹，从侧面印证了现代英语介词 in 和 on 在古英语中使用同一个词。

的词,其原型场景可以用射体和界标的位置表示。其界标通常为一容器,将空间分为三部分:内部、边界、外部。介词 in 的原型意义为射体位于界标的内部。需要指出的是,in 所表示的意义不仅与空间概念有关,还与功能意义有关(Herskovits,1986,1988;Sinha & Jensen de Lopez,2000)。经验告诉我们,当移动界标时,界标内的射体跟着界标一起移动;从界标外部通常看不到界标内的射体;位于界标内的射体会受到界标的保护,不被外界伤害;等等。由于人类有如此经验,in 除了表示射体位于界标内,还表示一定的功能意义。其原型场景如图 2-1 所示。

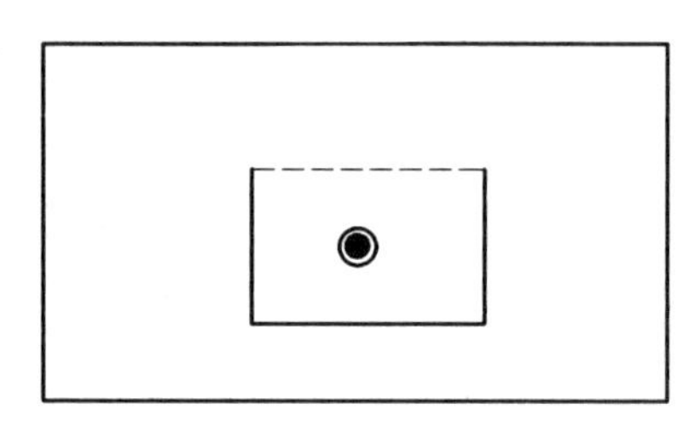

图 2-1　介词 in 的原型场景

请看下例:

(1)*Your present is in the box.*(汉译:你的礼物在盒子里。)

例(1)中,你的礼物(your present)是射体,盒子(the box)为界标。界标(盒子)表示的是一个将空间分为内部、边界、外部的容器。介词 in 表示射体(你的礼物)位于界标(盒子)的内部,受到界标(盒子)的保护,免遭受外力侵害。

多数情况下,介词 in 表示的空间概念和功能意义是一致的。但有时二者并非完全一致。请看下例:

(2)*The flower is in the vase.*(汉译:花在花瓶里。)

(3)*The rock singer is in the tight leather pants.*(汉译:这位摇滚歌手穿着紧身皮短裤。)

例(2)中,花(the flower)是射体,花瓶(the vase)为界标。介词 in 表示射体(花)的一部分(并非全部)位于界标(花瓶)内,射体(花)受界标(花瓶)的支撑或束缚。

例(3)中,这位摇滚歌手(the rock singer)为射体,紧身皮短裤(the tight leather pants)为界标,介词 in 表示射体(这位摇滚歌手)的一部分被界标(紧身皮短裤)包裹,界标(紧身皮短裤)有保护射体(这位摇滚歌手)的功能。

以上两例都表示射体的一部分位于界标内,界标对射体具有某种功能。

有时候,界标并非存在一个实实在在的边界,其边界是人为抽象出来的。请看下例:

(4)*The cow munched grass in the field.*(汉译:牛在这块地里大口地吃着草。)

(5)*China is in Asia.*(汉译:中国在亚洲。)

(6)*The flag flapped in the wind.*(汉译:旗帜在风中摇摆。)

例(4)中,牛(the cow)为射体,这块地(the field)为界标;例(5)中,中国(China)为射体,亚洲(Asia)为界标;例(6)中,旗帜(the flag)为射体,风(the wind)为界标。以上三例中,介词 in 都表示射体(牛/中国/旗帜)位于界标(这块地/亚洲/风)中,但三例的界标都不是标准的三维实体,其边界都是不清楚的。例(4)中,界标(这块地)的界限可能是一些道路;例(5)中,界标(亚洲)的界限是人为划定的;例(6)中,界标(风)为自然现象,几乎无法说清楚哪里是其边界。

介词 in 除表示原型场景外，还具有以下意义，具体如图 2-2 所示。

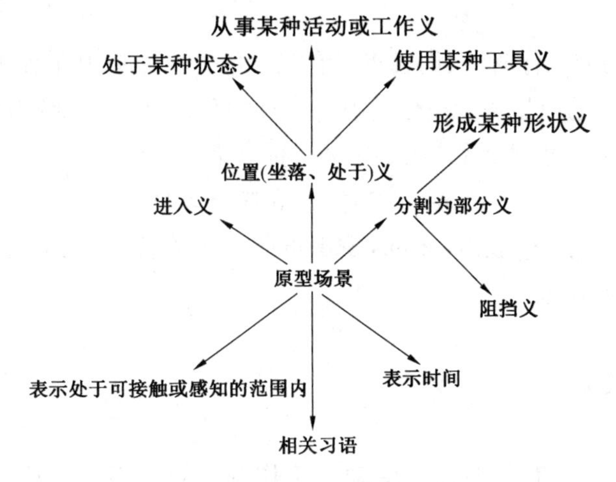

图 2-2　介词 in 的语义网络

一、位置(坐落、处于)义

介词 in 的原型场景表示射体位于界标内，界标对射体产生一定的功能。多数情况下，射体位于界标内时，受界标空间的限制，因此，介词 in 隐喻出位置义。母语习得的实证研究证明了在某物内部与位置义的关系。Clark(1973)研究发现，母语习得时期，儿童通常把位置义等同于在某物内部。介词 in 的位置义包括处于某种状态义、从事某种活动或工作义、使用某种工具义三小类①。

1. 处于某种状态义

认知语言学以体验哲学为理论基础，认为语言是人类通过身体与外界交流的结果。Lakoff & Johnson(1999)曾详细阐述人类认知经验如何影响语言隐喻。例如，孩子坐在父母的腿上被父母拥在怀里时，会有一种安全和被爱的感觉；单独处在黑屋子里会有孤独和害怕的感觉。通过这种自身体验，空间概念被隐喻到状态(包括身体状态和心理状态)领域。

空间介词 in 常被隐喻到状态域，表示射体处于一种难以摆脱的状态中。请看下例：

(7) *She is in prison.* (汉译：她在监狱里。)

例(7)中，她(she)为射体，监狱(prison)为界标，介词 in 表示射体(她)处于某种状态中。此句与"She is a prisoner(她是一个囚犯)"同义。

① 在 Tyler & Evans(2003)描述的语义网络中，in 的位置义(the Location Cluster)包括四小类。除上面列举的三类外，还有"在某地义"(The In Situ Sense)，他们给出的实例为"He stayed in for the evening(他坐在那等待夜幕降临)"和"The workers staged a sit-in(工人们发动了一场静坐运动)"。这些用法中，in 是副词或构词成分，不是介词。因此，本书介词 in 的语义网络没有包括此义。

2. 从事某种活动或工作义

当从事某种活动或工作时，人们会将所有或大部分精力集中在活动或工作中，很难从中脱离。这与介词 in 的原型场景类似。由于这种联系，介词 in 隐喻为射体从事某种活动或工作。此时，从事者为射体，活动或工作为界标。请看下例：

(8) *He works in stocks and shares.* (汉译：他在股市工作。)

上例中，他(he)为射体，股市(stocks and shares)为界标，介词 in 表示射体(他)从事界标(股市)的工作或活动。

3. 使用某种工具义

上面谈到，介词 in 具有从事某种活动或工作的意思。当人们从事某种活动或工作时，通常要使用一些工具。由这点出发，in 由从事某种活动或工作义隐喻为使用某种工具义。在这一用法下，从事者为射体，完成某种活动或工作的媒介或工具为界标。请看下例：

(9) *He spoke in Italian.* (汉译：他说意大利语。)

上例中，他(he)是射体，意大利语(Italian)是界标，in 表示完成某种活动(说话，spoke)的工具或媒介(意大利语，Italian)。

二、分割为部分义

在介词 in 的意向图示中，界标最突出的特点是具有边界，并且边界将空间分为内部和外部两部分。分割为部分这一组语义，凸显了界标的分割义。请看下例：

(10) *The farmer put the seed in a sealed box for next year.* (汉译：农夫把种子密封在盒子里，留作来年使用。)

(11) *The prisoner was locked in his cell for 23 hours a day.* (汉译：囚犯每天有23小时被关在牢房里。)

例(10)中，种子(the seed)为射体，密封的盒子(a sealed box)为界标，介词 in 具有原型场景，即射体(种子)位于界标(密封的盒子)内；in 同时具有“分割为部分义”，即把部分种子与另一部分分开。例(11)中，囚犯(the prisoner)为射体，牢房(his cell)为界标，介词 in 表示界标(牢房)把射体(囚犯)与其他事物分隔开；同时，in 表示部分原型场景，即射体(囚犯)位于界标(牢房)的内部。

例(10)中，in 的意义以原型场景为主，分割为部分义为辅；例(11)中，in 以分割为部分义为主，原型场景为辅。这两例展现了 in 如何由原型场景隐喻为分割为部分义。分割为部分义还可隐喻为形成某种形状义和阻挡义两小类。

1. 形成某种形状义

介词 in 的原型场景表示射体位于界标内。由于位于界标内部，射体的形状必然受到限制，有时会形成与界标类似的形状。由此，in 隐喻出形成某种形状义。请看下例：

(12) *OK, class, put your chairs in a circle.*（汉译：好了，同学们，请把你们的椅子摆成一圈。）

上例中，椅子（chairs）为射体，一圈（a circle）为界标。此处的界标（一圈）不是真实存在的，并非地上有一个圈或者在地上画了一个圈，然后把射体（椅子）放在这个圈中。此处的 in 表示使射体（椅子）形成界标（一圈）的形状。

2. 阻挡义

介词 in 的原型场景为射体位于界标内、界标对射体具有某种功能。界标对射体的功能之一就是限制射体的移动范围，由此出发，in 隐喻出阻挡义。请看下例：

(13) *Oxygen must be held in a sealed container (to keep it from escaping into the air).*（汉译：氧气必须保存在密封的容器中[以免挥发到空气中]。）

(14) *We couldn't move the car because a fallen tree was in the driveway.*（汉译：汽车移动不了，因为一棵树倒在了车道上。）

例(13)中，氧气（oxygen）是射体，密封的容器（a sealed container）为界标，in 表示原型场景，即射体（氧气）位于界标（密封的容器）内部。如果例(13)省略括号中的部分（to keep it from escaping into the air，以免挥发到空气中），句子意思不变。由此看出，此句的 in 已暗含了阻挡义，但其原型场景强于阻挡义。

例(14)中，一棵倒下的树（a fallen tree）为射体，车道（the driveway）为界标。此处的界标（车道）边界是不固定的，更不是容器。介词 in 表示射体（一棵倒下的树）挡在界标之上。在这句话中，已经很难看到介词 in 原型场景的痕迹。

例(13)和例(14)展示了介词 in 由原型场景隐喻为阻挡义的过程。

三、表示处于可接触或感知的范围内

介词 in 的用法中，有一类用法不同于其他，其显著特点是射体和观察点都位于界标内①。表示处于可接触或感知的范围内（The Perceptual Accessibility Sense）的用法就是这一类中的一个小类。

介词 in 的这一用法通常与视觉、听觉、触觉相联系。人的视觉、听觉、触觉等都有一定的范围，人们将这些范围抽象出边界，形成一个三维的界标。介词 in 表示射体位于这

---

① 在 Tyler & Evans(2003)描述的语义网络中，观察点位于界标内的意义包括处于可接触或感知的范围内（The Perceptual Accessibility Sense）、支持义（The In Favour Sense）、到达义（The Arrival Sense）三小类。其中的支持义和到达义为副词用法，此处介词的语义网络没有包括这两小类。

个抽象的界标内部。请看下例:

(15)*I have him in sight.* (汉译:他一直在我的视线内。)

上例中,他(him)是射体,(我的)视线范围(sight)是界标,in 表示射体(他)处于界标(视线范围)内。

四、表示时间

同其他介词一样,in 可以隐喻到时间域,表示在一段时间内(与英语 during 意义接近)①。空间介词 in 的原型场景表示三维空间,表示时间时,常与可被分为小时间段的"较大时间"一起使用,表示在这段时间之内。请看下例:

(16)*She was born in March.* (汉译:她出生在三月。)

上例中,她(she)是射体,三月(March)是界标,介词 in 表示射体(她)处在界标(三月)的范围内,即她出生在三月中的某一天。

介词 in 表示时间时,有时不像例(16)那样,表示在界标范围内的任何一刻,而是强调在界标所表示时间的最后时刻。请看下例:

(17)*He will return in a few months.* (汉译:他将在几个月之后回来。)

上例中,他(he)是射体,几个月(a few months)是界标,介词 in 表示在界标所表示的时间即将结束的时候。这一点与例 16 不同。

五、进入义

in 在用法形成的初期,既表示静态的位于某物内,又表示动态的进入某处。后来,英语中出现另一个介词 into,专门表示动态的进入某处。但是,现代英语中,in 表示动态的进入某处义没有完全消失,还在继续使用②。请看下例:

(18)*She got in her car and drove off.* (汉译:她上车,然后把车开走了。)

上例中,她(she)是射体,汽车(the car)是界标,介词 in 相当于 into,表示射体进入界标。

六、部分相关习语

部分与介词 in 相关的习语很难用以上语义解释。这些习语包括 in order to(为了),in all(总共),in that(因为)等③。请看下例:

(19)*We started early in order to arrive before dark.* (汉译:为了在天黑前到达,我们早早地动了身。)

---

① Tyler & Evans(2003)描述的语义网络中不包括"表示时间"义。介词 in 确实可以表示时间,而且无法被归入其他语义下,本书将此义单独列出。

② Tyler & Evans(2003)认为,介词 in 和 into 完全不同,in 没有"进入义"。他们给出的解释是"He ran in the room(他在屋中跑)"和"He ran into the room(他跑进屋中)"表示的意思完全不一样。但是,在某些场合,介词 in 和 into 表示的意思几乎没有差别,也就是说,in 具有进入(into)的意思。因此,本书在介词 in 的语义网络中加入"进入义"。

③ 本书确定习语时主要依据《牛津高阶英汉双解词典(第 8 版)》的释义。对于所研究的六个介词,如果词典中给出习语用法,并且此用法不能归入 Tyler & Evans 描绘的语义网络,本书将以相关习语的形式给出。在这些介词中,in,over,above 具有相关习语的用法。

(20) *There were about 50 of us in all at the reunion.* (汉译：参加我们这次重聚的总共有50人。)

(21) *Privatization is thought to be beneficial in that it promotes competition.* (汉译：私营化的优点在于能促进相互竞争。)

以上是有关 in 的习语用法。这些习语经常整体出现，很难分析各组成部分的意义。

第二节　on 的语义分析

如前所述，介词 on 在古英语中的形式为 a 或者 an，最初意义表示在某物之上或某物之内，相当于现代英语的 on 和 in(Murray，1933)。中古英语时期，in 的用法逐渐在英语中形成，on 专门用来指位于某物之上。现代英语介词 on 的原型场景是射体位于界标之上，受界标支撑，如图 2-3 所示。

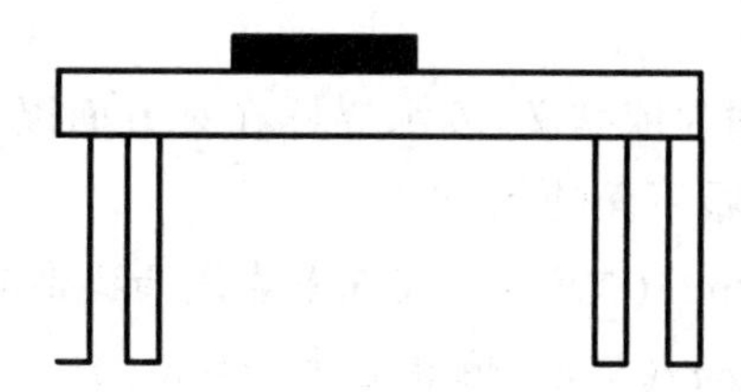

图 2-3　介词 on 的原型场景

请看下例：

(22) *Your book is on the desk.* (汉译：你的书在桌子上。)

上例中，你的书(your book)为射体，桌子(the desk)为界标，on 表示射体(你的书)位于界标(桌子)之上，受界标(桌子)的支撑。

介词 on 除表示原型场景外，还表示如下意义，如图 2-4 所示。

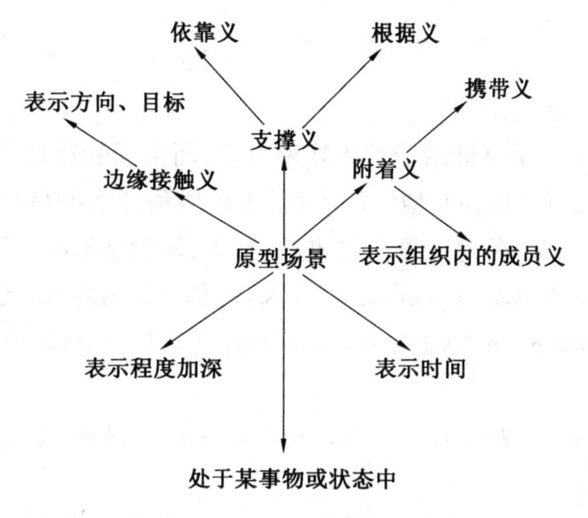

图 2-4　介词 on 的语义网络

一、支撑义

介词 on 的原型场景为射体位于界标之上，并受界标的支撑。在语言使用过程中，on

发展出只强调射体受界标支撑,不强调射体与界标的位置关系(射体可能位于界标之上,也可能处于界标的其他位置)的用法,即介词 on 的支撑义。请看下例:

(23)*She leaned on my arm.*(汉译:她靠在我的胳膊上。)

(24)*He wore a ring on his finger.*(汉译:他手上戴着一枚戒指。)

例(23)中,她(she)是射体,我的胳膊(my arm)是界标;例(24)中,戒指(a ring)是射体,他的手指(his finger)是界标。两例的 on 都表示界标(我的胳膊/他的手指)支撑射体(她/戒指),不强调射体与界标的位置关系。例(23)中,射体(她)可能位于界标(我的胳膊)空间位置的上面,也可能二者水平接触;例(24)中,射体(戒指)与界标(他的手指)环状接触。

介词 on 的支撑义除表示空间域的支撑外,还可隐喻到其他领域,表示依靠、根据、乘坐交通工具等义。

1. 依靠义

介词 on 的支撑义可隐喻为依靠义,表示界标在某方面以某种方式支撑界标,或射体依靠界标达到某种目的。请看下面的例子:

(25)*Most cars run on petrol.*(汉译:多数汽车靠汽油提供动力。)

(26)*He lives on his pension.*(汉译:他靠退休金生活。)

(27)*She usually speaks on the telephone with her boyfriend.*(汉译:她经常通过电话与男朋友聊天。)

例(25)中,汽车(cars)是射体,汽油(petrol)是界标;例(26)中,他(he)为射体,退休金(pension)为界标;例(27)中,她(she)为射体,电话(telephone)为界标。三例中,on 都表示射体(汽车/他/她)为某种目的(行驶/生活/聊天)依靠界标(汽油/退休金/电话)之义。

2. 根据义

介词 on 的支撑义表示界标给予射体某种力量,而由于受这种力量支撑,射体保持稳定。on 的这种支撑义可隐喻到其他领域,表示界标为射体的基础或理由,通常译为汉语的"根据、按照"。有时,on 的这一语义与 about 相近,译为汉语的"关于"。请看下例:

(28)*I applied for the job on your advice.*(汉译:根据你的建议,我申请了这份工作。)

(29)*What he wrote in the book is on a true story.*(汉译:他所写的这本书的内容基于一个真实的故事。)

(30)*What he wrote in the book is on political economy.*(汉译:他写的这本书是关于政治经济的。)

例(28)中,我(I)是射体,你的建议(your advice)为界标;例(29)中,他所写的这本书的内容(what he wrote in the book)是射体,一个真实的故事(a true story)为界标。这两例中,on 都表示界标(你的建议/一个真实的故事)是射体(我/他所写的这本书的内容)的根据或理由。例(29)与例(30)结构一致,例(30)中的 on 可以与介词 about 互换使用,通常译成汉语的“关于”。

二、附着义

介词 on 的附着义与其原型意义有较明显的不同。原型意义表示射体位于界标之上，受界标支撑，附着义表示射体依附于界标。此义不强调射体与界标的空间位置，也不强调射体是否受到界标的支撑。请看下例：

(31) *These tight shoes have given me blisters on my ankles.* (汉译：这双靴子太紧了，把我的脚腕磨了许多水泡。)

(32) *There are some spots of mud on the ceiling.* (汉译：屋顶上有许多泥点。)

例(31)中，水泡(blisters)为射体，我的脚腕(my ankles)为界标；例(32)中，泥点(spots of mud)为射体，屋顶(the ceiling)为界标。两例中，on 都表示射体(水泡/泥点)附着在界标(我的脚腕/屋顶)上，不受界标支撑，也不强调射体与界标的空间位置。实际上，例(31)的射体(水泡)位于界标(我的脚腕)的外缘，例(32)的射体(泥点)位于界标(屋顶)空间位置的下方。

介词 on 的附着义可进一步隐喻为表示组织内的成员义和携带义。

1. 表示组织内的成员义

介词 on 的附着义可从空间域隐喻到社会关系域，表示射体在社会关系上附着于界标。此时，界标通常为集团或组织，射体通常为集团或组织内的成员，on 表示射体是界标的成员。请看下例：

(33) *He is on the committee.* (汉译：他是委员会成员。)

(34) *Which side are you on?* (汉译：你站在哪一边？/你支持哪种意见？)

例(33)中，他(he)是射体，委员会(the committee)为界标；例(34)中，你(you)是射体，哪一边(which side)为界标。两例中的 on 都表示射体(他/你)附着于界标(委员会/哪一边)，是界标(委员会/哪一边)的成员。

2. 携带义

介词 on 的附着义可隐喻为携带义。此种情况下，界标多为人，射体多为人携带的物体，on 不表示射体和界标紧紧黏合在一起，而表示界标携带射体。请看下例：

(35) *Have you got any money on you?* (汉译：你带钱了吗？)

上例中，钱(money)为射体，你(you)为界标，on 并非表示射体(钱)附着于界标(你)，而表示携带义，即界标(你)携带射体(钱)。

三、边缘接触义

介词 on 还可表示射体与界标边缘接触。这种意义下，射体的空间位置不处于界标的上方，也不受界标的支撑，而是与其紧临在一起，甚至部分重叠。通常译成汉语的“紧邻、紧靠”。请看下例：

(36) *Our new house is on the main street.* (汉译:我们的新房子在主街旁边。)

上例中,我们的新房子(our new house)为射体,主街(the main street)为界标,on 并非表示射体(我们的新房子)位于界标(主街)之上,并受其支撑,而表示射体(我们的新房子)紧临界标(主街)。

除表示射体和界标空间位置边缘接触外,此义还可表示目标或方向,或隐喻为视觉、思维等的接触。请看下例:

(37) *The students are marching on the capital.* (汉译:学生们正向首都进发。)

(38) *They waged war on their enemy.* (汉译:他们向敌人发起了战争。)

(39) *Please focus your minds on the following problem.* (汉译:请集中考虑以下问题。)

例(37)中,学生(the students)是射体,首都(the capital)是界标,on 表示界标(首都)是射体(学生)行动的方向;例(38)中,他们(they)是射体,敌人(their enemy)是界标,on 表示界标(敌人)是射体(他们)行动的目标;例(39)中,你的思想(your minds)是射体,以下问题(the following problem)为界标,on 表示射体(你的思想)靠近、集中于界标(以下问题)。

上述各例中,例(37)中的 on 表示行动的方向,为空间概念;例(38)中的 on 表示行动的目标,既可以指空间概念,又可以指非空间的抽象概念;例(39)的介词 on 表示思维或视力的焦点,表示抽象概念。从例(37)到例(39),介词 on 的意义离空间位置边缘接触义越来越远。

四、表示程度加深

介词 on 的原型场景表示射体位于界标之上,并受界标支撑。其原型场景的"射体位于界标之上"这一语义,可由空间域隐喻到程度或状态域。人类认知经验中,垂直码放的物体数量越多,其高度越高,由此,具有"射体位于界标之上"之意的 on 隐喻到其他领域,表示程度加深。此时,on 连接的射体和界标通常是同一事物。请看下例:

(40) *From last year, the poor family suffered disaster on disaster.* (汉译:去年以来,这个家庭接连不断遭受灾祸。)

上例中,射体和界标都为灾祸(disaster),on 连接射体(灾祸)和界标(灾祸),表示事物或现象反复出现,程度不断加深。

五、表示时间

介词 on 可由空间域隐喻到时间域,表示时间。

英语空间介词 at,on,in 都可由空间域隐喻到时间域,用来表示时间,但三者存在差异。at,on,in 分别表示一维空间、二维空间和三维空间(Quirk et al. ,1985)。相应地,三者表示的"时间结构"由小到大:at 常用来表示具体时刻,与几点(几分)连用;on 表示大致的时间,常与某个日期连用;in 常与可被分为小时间段的"较大时间"一起使用,表示一段时间。请看下例:

(41) *We will have a meeting on Sunday.* (汉译:周日我们将举行一个会议。)

上例中,会议(a meeting)为射体,星期日(Sunday)为界标,on 表示射体(会议)处于界标(星期日)的时间点上。

英语介词 over 也可表示时间(见下一节),其意义与 on 略有差异。over 表示时间时,强调从时间的起点到终点的整个过程，如例(50)(强调庆祝活动由周末这段时间的起始点延续到其终点)；而 on 表示时间时，不强调此过程。

表时间时，除与表示时间的名词连用外，on 还可与表示隐含时间的动作连用。请看下例：

(42) *On my arrival home I discovered the burglary.* (汉译：我一到家就发现家中被盗。)

上例中，我(I)是射体，到家(my arrival home)为界标。此处界标不是表示时间的名词，而是用一个动作表示时间的概念。on 表示射体(我)处在界标(到家)的时间点上。

六、处于某事物或状态中

如前所述，古英语的 on 同时表示现代英语 on 和 in 的概念。现代英语保留了古英语的一些用法，表示处于某事物或状态之中就是其一。on 的这一语义与其原型场景关系不明显，反而与现代英语 in 的原型场景类似。请看下例：

(43) *We had our lunch on the train yesterday.* (汉译：昨天我们在火车上吃的午饭。)

(44) *The school is on holiday now.* (汉译：学校现在正在放假。)

例 43 中，我们(we)为射体，火车(the train)为界标，on 表示射体(我们)位于界标(火车)之内；例 44 中，学校(the school)是射体，假期(the holiday)为界标，on 表示射体处于界标的状态之中。两例中的 on 与其原型场景相差较远，与 in 的原型场景类似。

第三节　over 的语义分析

据 Tyler & Evans(2003)考察，above 的最初形式是古盎格鲁-撒克逊语的 be-ufan，与梵语 upari 同源。over 的最初形式是 ufa，为 be-ufan(above)的比较级。

above 与 over 都相当于汉语的“上”，两者为同义词。许多语言学家直接或间接地区分了 above 和 over 这两个词。

Brugman(1981)、Lakoff(1987)、Dewell(1994)都用 above 解释 over，认为 over 的意思是“高于并通过(above and across)”，其中心意义的图示为射体高于界标并通过界标。也就是说，above 的中心意义表示静态义，over 的中心意义表示动态义。Lakoff(1987)曾直接指出，over 和 above“两者的意思几乎一致(is roughly equivalent in meaning)”。他们都认为，“The picture is above/over the mantel”这句话中，above 和 over 表示的语义关系是一样的。

Tyler & Evans(2003)不同意以上观点。他们认为，以上例子虽然很相似，但如果分析更多句子，就会发现二者的不同。例如，“The maid hung the jacket above/over the back of the chair”这句话中，above 和 over 表示的语义关系并不相同。使用 above，表示射体(夹克，the jacket)高于界标(椅子，the chair)并与界标接触，即夹克挂在了椅子背上。使用 over，表示射体(夹克，the jacket)高于界标(椅子，the chair)，同时不与界标接触，即夹克挂在椅子上方、不与椅子接触的某个地方。

Kreitzer(1997)认为，over 与 above 的差别在于二者表示的空间范围不同，over 表示射体和界标处于空间同一纵轴上，above 表示射体的空间范围高于界标的范围。“The birds are somewhere above/ * over us”这句话中，只能用 above，不能用 over，其原因在于 over(表示射体和界标处于空间同一纵轴上)和 somewhere(表示不确定的地方)相冲突。

Tyler & Evans(2003)不同意 Kreitzer(1997)的看法。首先,Kreitzer 的观点不能解释为什么“The picture is above/over the mantel”这句话中,above 和 over 都是可接受的;其次,在“There were several stray marks just above the line(汉译:横线上有些杂乱的标记)”中,above 并非表示标记(marks)的范围超出了横线(the line)的范围。

Tyler & Evans(2003)认为,over 和 above 的区别在于,其表示的空间关系中,射体和界标是否接触(或有接触的潜势)。over 的原型场景表示“射体高于界标,但处在可接触的范围内,二者具有相互接触的潜势(TR is higher than but within a region of potential contact with the LM)”(Tyler & Evans,2003)。above 也有射体高于界标的意思,但 above 强调射体和界标没有或几乎没有接触的潜势。这就是 over 和 above 的主要区别。over 的原型场景如图 2-5 所示。

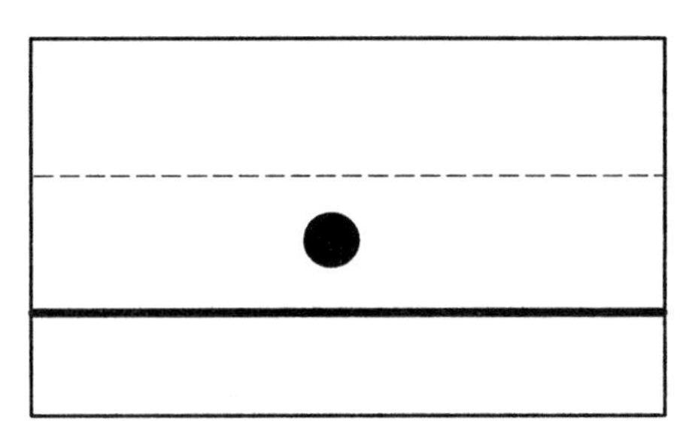

图 2-5　over 的原型场景

请看下例:

(45) *The skier skimmed over the snow.* (汉译:滑雪者在雪地上滑雪。)

(46) *The birds are somewhere above us.* (汉译:鸟儿在我们头上飞。)

例(45)中,滑雪者和雪面是接触的,所以此句必须用 over;如果改用 above,就变为滑雪者在空中飞翔之义。例(46)中,鸟儿在天空中飞,不与人接触,也没有接触的潜势,所以只能选用 above。

本书认为,Tyler & Evans(2003)的理论很好地区分了 above 和 over,但有些时候,二者的区别并不是绝对的,存在交叉部分。造成 above 和 over 用法交叉的原因至少有两点:第一,Tyler & Evans(2003)认为,二者的区别在于是否“存在接触的潜势”,但“存在接触的潜势”是一个心理范畴,没有绝对客观的标准。不同人对同一情形会有不同判断,进而影响介词的选择。第二,语言的重要作用之一是交际。成功交际要遵循质、量、方式、关联四项准则(Grice,1975)。量的准则其中之一为“说话者提供的信息不应多于完成交际所需要的信息”,否则,常会隐含一些言外之义。因此,在某些交际情形下,不需要强调射体和界标是否“存在接触的潜势”时,above 和 over 可以换用。

介词 over 除表示原型情景外,还表示如下的意义,如图 2-6 所示。

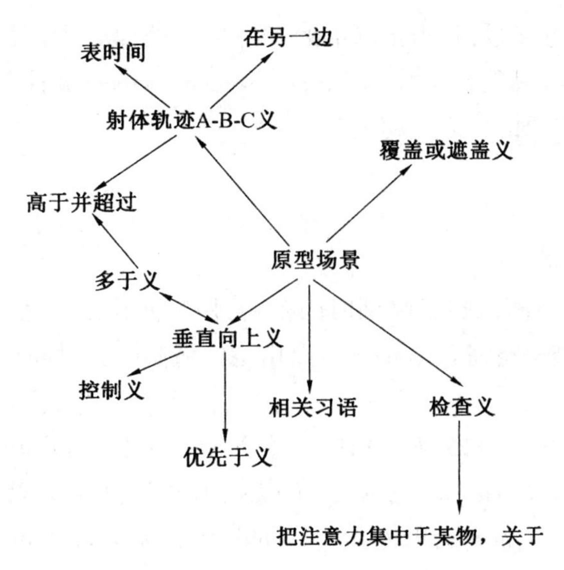

图 2-6 介词 over 的语义网络

一、射体轨迹 A-B-C 义

射体轨迹 A-B-C 义(The A-B-C Trajectory Cluster),指射体由 A 点经 B 点到达 C 点。通常情况下,B 点为界标所处的位置。此类意义又可细分为在另一边(on-the-other-side-of)、高于并超过(above-and-beyond)、结束(completion)、转移(transfer)、表时间(temporal)五小类。其中,表示结束和表示转移的意义通常用副词形式表示,这里不讨论这两项意义。

1. 在另一边

此义的图示为观察点和射体分别处于界标的两侧。从观察点看,射体位于界标的另一侧。例如"The old town lies over the bridge(古城位于桥的另一面)"这句话中,古城(the old town)为射体,桥(the bridge)为界标。句子表达的场景是,说话者(观察点)和古城(射体)分别位于桥(界标)的两侧,汉语通常用"另一面"表示此类场景。

2. 高于并超过

在此义中,界标被看成希望到达的点或目标,射体从界标上方通过。需要指出的是,此义并不局限于空间域,还可用于表示数量等概念(表示数量概念时,常常可以用 more than 替换)。请看下例:

(47) *The arrow flew over the target and landed in the woods.* (汉译:箭飞过箭靶,落在树林中。)

(48) *Most students wrote over the word limit in order to provide sufficient detail.* (汉译:为了写得更详细,许多学生所写的超出了字数限制。)

例(47)中,箭靶(the target)是界标,箭(the arrow)为射体。over 表达的意思是箭(射体)从箭靶(界标)上方飞过,相当于汉语的“穿过”。例(48)中,对文章字数的限制(the word limit)为界标,学生所写的字数(what most students wrote)被看作射体①。over 表示射体超过界标,相当于汉语的“多于、超过”。

3. **表时间**

许多语言都能将空间范畴隐喻到时间范畴,用空间概念表达时间概念(Langacker,1987;蓝纯,2008)。英语空间介词 over 可以由空间域隐喻到时间域,表示一段时间。请看下例:

(49)*The boy walked over the hill.*(汉译:这个男孩翻过了这座山。)

(50)*The festival will take place over the weekend.*(汉译:庆祝活动将在周末举行。)

例(49)中,男孩(the boy)为射体,山(the hill)为界标,over 表示男孩由山的一端到达山的另一端;例(50)中,庆祝活动(the festival)被看作射体,周末这段时间(the weekend)为界标,over 表示庆祝活动由周末这段时间的起始点延续到终点。例(49)和例(50)表示相同的意象图式(射体由界标的起点到达界标的终点),展示了 over 如何由空间域隐喻到时间域。

二、覆盖或遮盖义

此义的基本图式为观察点位于最上方,界标位于最下方,射体处在中间(与界标接触或非接触),并且射体的面积大于界标。从观察点看,界标或界标的一部分被射体遮住。

由于此义项强调射体与界标的关系(覆盖、遮盖),此处的 over 不能用 above 代替。例(51)中,b 是正确的,a 是不能被接受的句子。

(51) * *a. She put a rug above a sleeping child.*

b. She put a rug over a sleeping child.(汉译:她给睡着的孩子盖上了毯子。)

这一语义的一个条件是射体的面积大于界标的面积。如果射体面积小于界标,通常情况下不用 over,而用 on。请看下例:

(52)*a. The tablecloth was spread out over the table.*(汉译:桌布铺在桌子上。)

b. The small handkerchief was spread out on the table.(汉译:小手绢铺在桌子上。)

* *c. The small handkerchief was spread out over the table.*

通常情况下,桌布的面积大于桌面,(小)手绢的面积小于桌面,因此 a 和 b 是可接受的句子,c 不可接受。

三、检查义

表示这种意义时,over 通常和动词 look 搭配,其图示为观察点和射体重合,射体(观

---

① 在这句话中,Tyler & Evans 认为学生是射体。“In this sentence, the word limit for an essay is construed as the LM, and the students who do the writing as the TR (Tyler & Evans, 2003: p84)。”笔者认为,把学生所写的字数看作射体更合适。因为此处 over 为超过、多于之意,界标和射体表示相同的量时,才能放在一起比较。

察点)高于并接近界标。请看下例:

(53)*Mary looked over the manuscript quite carefully.*(汉译:玛丽仔细地检查了书稿。)

这句话中,观察点和射体都是玛丽,书稿是界标,over 表示玛丽的位置高于书稿,并且接近书稿。

除表示空间意义以外,over 的这一义项还映射到情感、动作等领域,隐喻为把注意力集中于某物、关于。这一意义可用 about 解释,大部分时候二者可互换。请看下例:

(54)*The little boy cried over (about) his broken toy.*(汉译:玩具坏了,孩子大哭起来。)

(55)*She thought over (about) the problem.*(汉译:她考虑了这个问题。)

例(54)中,射体为孩子(the little boy),界标为孩子注意的事物(被损坏的玩具,his broken toy);例(55)中,射体为她(she),界标为问题(the problem)。两句话中,over 都表示射体将注意力集中在界标上。

四、垂直向上义

垂直向上义的图示为射体被抬高到高于界标的位置。此义又可细分为多于义、控制义、优先于义三小类。

1. 多于义

Langacker(1987)和蓝纯(2008)指出,许多语言的空间域都会隐喻到数量域,用空间概念表达数量概念。英语空间介词 over 表示数量多于义时,通常用 more than 解释,多数情况下,可用 more than 替换。表示这种意义时,射体一般不出现,界标(多为数量词)表示一个基准,over 表示射体处于界标之上。请看下例:

(56)*John found over forty kinds of shells on the beach.*(汉译:约翰在沙滩上找到了四十多种贝壳。)

例(56)中,四十种贝壳(forty kinds of shells)为界标(基准),射体没有直接出现(实际上,射体是约翰在沙滩上找到的贝壳的种类),over 表示找到的贝壳的种类在界标(四十种,forty kinds)之上。

此义进一步隐喻为超过义。此时,界标被看成容器,射体被看成容器中的物体,over 表示容器中的物体(射体)超出容器(界标)。翻译成汉语时,一般用“……过”表示。请看下例:

(57)*The heavy rains caused the river to flow over its banks.*(汉译:大雨导致河水漫过了河堤。)

上例中,河堤(banks)为界标,河水(the river)是射体,over 表示射体超出了界标,汉语译为“漫过”。

需要说明的是,此义与射体轨迹 A-B-C 义中的“高于并超过”义有重合之处。正如 Tyler & Evans(2003)指出,介词词义的隐喻是一个长期过程,或许不同使用者在不同时期选用了不同的隐喻方式,并在现代语言中保留下来。分析现代语言隐喻时,我们无法找到唯一的、完全合乎发展过程的隐喻解释。以上分析的两种隐喻表达的意义相同,在以后的研究中,将其合并为一个义项。

2. 控制义

over 的另一个义项与权力或控制有关。Tyler & Evans(2003)认为,人类历史初期,身材高大的人更容易控制其周围身材矮小的人。相应地,over 由"射体高于界标"隐喻为"射体影响或控制界标"。这里 over 的意义强调两点:第一,射体在权力、社会地位等方面高于界标;第二,射体靠近界标。

此义强调射体靠近界标,因此,这里的 over 不能被 above 替换。请看下例:

(58)*a. She has a strange power over me.*(汉译:对我来说,她有一种神秘的力量。)

* *b. She has a strange power above me.*

例 a 中,她(she)为射体,我(me)为界标,over 不是表示射体(她,she)高于并接近于界标(我,me),而是表示射体影响、甚至控制着界标。若把 over 换为 above(58)b,句子变得不可接受。

3. 优先于义

over 可从空间域隐喻到质量域。Lakoff & Johnson(1980)和蓝纯(2008)指出,在多种语言中,"上"通常隐喻为质量好、心情高兴,"下"隐喻为质量差、心情郁闷。Tyler & Evans(2003)认为,英语介词 over 首先由空间域的位置高于某物,隐喻为质量好于某物,进而隐喻为优先于某物。over 表示优于某物时,根据搭配词的不同,通常可用 to 或 more than 代替。请看下例:

(59)*I would prefer tea over (to) coffee.*(汉译:我喜欢茶胜过咖啡。)

(60)*I favour soccer over (more than) tennis.*(汉译:我喜欢足球胜过网球。)

例(59)中,茶(tea)是射体,咖啡(coffee)为界标;例(60)中,足球(soccer)是射体,网球(tennis)为界标。两句的 over 都表示射体优先于界标。

五、部分相关习语

在使用过程中,语言中的部分搭配会以习语的形式固定并保留下来。由于形成年代较远,部分习语现在已经很难推测其隐喻过程。与 over 相关的习语主要是 over and above,和 besides,in addition to 同义,通常译为汉语的"此外、另外"。如 The waiters get good tips over and above their wages(汉译:服务员在工资外还会得到小费)。

第四节 above 的语义分析

如前所述,above 和 over 的原型情景有同有异。二者都表示射体高于界标。其中 above 表示射体和界标处于不可接触的范围内,没有相互接触的潜势,其原型场景如图 2-7所示。over 表示射体和界标处在可接触的范围内,有相互接触的潜势。这是二者的区别。

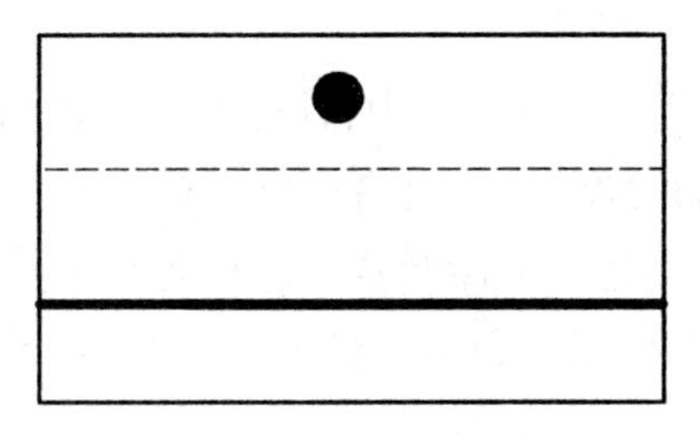

图 2-7　介词 above 的原型场景

介词 above 除表示原型情景外,还表示数目、价钱、重量、程度等超过,级别、地位、重要性高于,位于上面并紧邻某物,表示地理位置等意义以及部分相关习语的用法,其语义网络如图 2-8 所示。

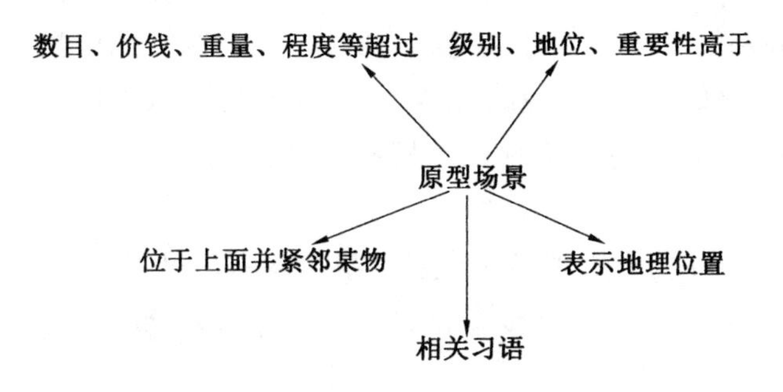

图 2-8　介词 above 的语义网络

一、数目、价钱、重量、程度等超过

和介词 over 一样,above 可由空间域隐喻到数量域,表示射体在数目、价钱、重量、程度等方面超过界标。其语义可用 more than 解释,有时可用 more than 替换。请看下例:

(61) *The price of that stock is now above* \$20.(汉译:那种股票的价格超过了 20 美元。)

例(61)中,股票价格(the price of that stock)为射体,20 美元(\$20)为界标,above 表示射体(股票价格)在数量上超过界标(20 美元)。

above 和 over 都可表示射体在数量上超过界标,二者存在相似之处,有时可互换。比如,将例(61)中的 above 换成 over,句子的意义几乎不变。

但是,并非在任何条件下二者都可互换。当与 reproach(责备)或 suspicion(怀疑)等词连用时,只能用 above,不能用 over。请看下例:

(62) *Unlike many presidents, Lincoln's personal relations have always been considered above reproach.*(汉译:与其他的总统不同,林肯的人品被认为是无可挑剔的。)

例(62)中,林肯的人品(Lincoln's personal relations)为射体,被批评(reproach)为界标,above 表示射体(林肯的人品)高于界标(被批评),并且二者没有接触的潜势。这句话强调林肯的人品(射体)无可挑剔,远远超出了被批评(界标)的范围。句中的 above 不可替换为 over。

二、级别、地位、重要性高于

Tyler & Evans(2003)认为,人类社会中,社会级别、地位以及事物的重要性等常常与空间关系相联系。例如,体育比赛中,获胜者通常会站在高处,接受他人的祝贺;各种会议中,重要人物大多坐在主席台,通常主席台的空间位置高于其他人的座位。由于这些日常经验,表示射体空间位置高于界标的 above,隐喻出在级别、地位、重要性方面射体高于界标的意义。请看下例:

(63) *He is above me in the company.* (汉译:在公司,他的位置高于我。)

上例中,他(he)为射体,我(me)为界标,above 并非表示他在空间位置上(如身高或所处的地理位置)高于我,而是表示他的权利比我大、工龄比我长或工资比我高。

表示空间概念的 over 也可以隐喻到社会级别、社会地位、事物的重要性等方面。表示这一意义时,above 和 over 存在细微差异。例 63 表示他的地位高于我,通常指我和他并非直接领导关系,比如公司总裁和普通员工。如果把上例中的 above 换为 over(He is over me in the company),其意思为他的位置高于我,并直接领导我,比如经理和职员的关系。

有时,句子只强调在社会级别、社会地位、事物的重要性等方面,一人(或物)高于另一人(或物),不强调二者是否为直接领导关系。此时,over 和 above 的用法差异不大,可以互换。

三、位于上面并紧邻某物

above 的原型意义为射体处于界标之上。以这一意义为基础,above 发展出特指空间位置中射体紧邻界标并位于界标之上。请看下例:

(64) *Be careful! The rung above the one you're standing on is broken.* (汉译:小心!你所站台阶的上一级坏掉了。)

这句话中,你所站的台阶(the one you're standing on)为界标,坏掉的台阶(the rung)为射体,above 特指紧邻的那一级台阶,即上一级台阶,并非泛指射体高于界标的所有位置。

需要说明的是,英语介词 over 同样表示射体空间位置高于界标,但通常情况下,over 并没有 above 的这种意义。

above 这一意义还从空间概念隐喻到非空间概念,表示顺序范畴。请看下例:

(65) *My sister is in the class above mine.* (汉译:我姐姐比我高一年级。)

这句话中,我的年级(mine)为界标,我姐姐的年级(my sister's class)为射体,above 并非表示空间位置上射体(我姐姐的年级)高于界标(我的年级),而是表示射体的顺序位于界标之上,并紧邻界标,即射体比界标高一个年级。

四、表示地理位置

除表示垂直空间关系外,above 还表示平面位置关系。Tyler & Evans(2003)认为,在地球引力的作用下,河水由高处流向低处。由于这一认知体验,人们将河水源头的地方称为上游,把河水流向的地方称为下游。相应地,表示空间关系的 above 隐喻为在(河流的)

上游之义。请看下例：

（66）*The nearest bridge is about half a mile above the falls.*（汉译：最近的桥在这个瀑布上游一英里的地方。）

这句话中，最近的桥（the nearest bridge）为射体，瀑布（the falls）为界标，above 并非表示射体的垂直空间位置高于界标（垂直悬在空中），而是表示射体位于界标的上游。通常情况下，此义的 above 不能用 over 替换。

五、部分相关习语

在使用过程中，above 长期和某些词连用，久而久之，成为习语。现在已很难讲清楚，这些习语是如何由原型场景隐喻而来的。由 above 组成的常用习语包括 above all 和 above oneself。above all 的英文解释为"most important of all, especially"，汉语解释为"最重要的、尤其"。above oneself 的英文解释为"too pleased with oneself, conceited, arrogant"，汉语解释为"兴高采烈、得意忘形、自高自大、趾高气扬"。请看下例：

（67）*He longs above all to see his family again.*（汉译：他尤其盼望再次见到家人。）

第五节　under 的语义分析

据 Tyler & Evans（2003）考察，英语介词 under 与梵语 adhara 同源，很早以前就被用来表示垂直空间关系中射体低于界标，其语义与 over 相对应，与汉语的"下"类似。

英语中另一个介词 below 也相当于汉语的"下"。under 和 below 既有区别又有联系。below 可追溯到古斯堪的纳维亚语 be+lagr，意为拜倒、卧倒（to be prostrate），又与盎格鲁-撒克逊语 bi+low 以及哥特语 be+low 有关，其语义与 above 相对应（Tyler & Evans，2003）。

under 和 below 的原型意义都表示射体的空间位置低于界标，分别与 over 和 above 对应。under 和 below 的区别同 over 和 above 的区别类似，主要在于射体和界标是否接触（或有接触的潜势）。under 的原型场景表示射体低于界标，但处在可接触的范围内，或二者具有相互接触的潜势。其原型场景如图 2-9 所示。

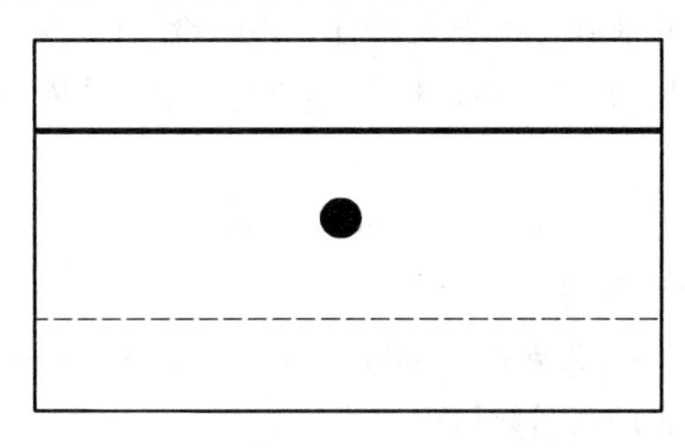

图 2-9　介词 under 的原型场景

below 也表示射体低于界标，但强调射体和界标没有或几乎没有接触的潜势。这就是 under 和 below 的主要区别。请看下例：

（68）a. *The valley is far below/ * under the tallest peak.*（汉译：那个峡谷在最高峰的下面。）

b. The life jacket is kept under/below the seat. (救生衣在座位下面。)

*c. The nurse slipped the pillow under/ * below the patient's head.* (护士把枕头放在病人的头下面。)

上例 a 中,峡谷(the valley)为射体,最高峰(the tallest peak)为界标。句子表示射体(峡谷)的空间位置低于界标(最高峰),同时二者不接触,甚至没有接触的潜势。此句只能选用 below,不能用 under。

上例 b 中,救生衣(the life jacket)为射体,座位(the seat)为界标。句子表示射体(救生衣)的空间位置低于界标(座位),不强调二者的空间距离。通常情况下,救生衣紧挨座位。因此,这句话选用 under 最合适;选用 below 可以被接受,但给人不自然的感觉。

上例 c 中,枕头(the pillow)为射体,病人的头(the patient's head)为界标。句子表示射体(枕头)位于界标(病人的头)之下,并且二者接触。此句只能选用 under,不能用 below。

介词 under 除表示原型意义以外,还可表示如下意义①,如图 2-10 所示。

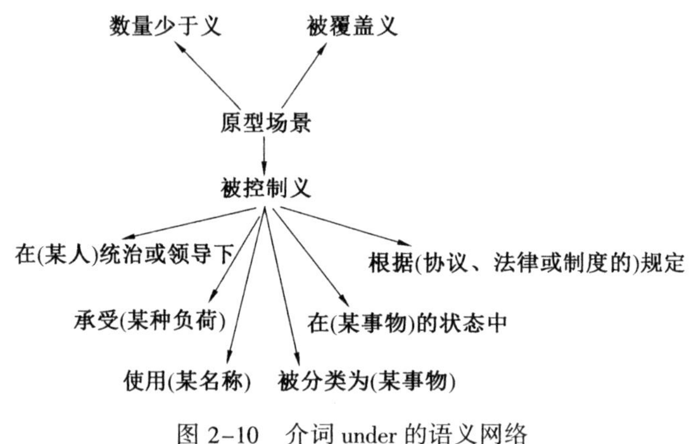

图 2-10　介词 under 的语义网络

一、数量少于义

日常经验告诉人们,垂直堆放物体时,码放得越高,需要的物体越多。认知语言学认为,自身体验是语言隐喻的基础。由于人类有上述体验,所以空间概念常常可隐喻到数量概念。一般情况下,高于某物隐喻为数量多于某物,低于某物隐喻为数量少于某物。请看下例:

(69) *The government decided to exempt incomes under $4,000.* (汉译:政府决定免除收入4 000 美元以下人员的税务。)

这句话中,收入(incomes)为射体,4 000 美元($4,000)为界标,under 并非表示射体在空间位置上低于界标,而是表示数量少于界标。

under 这种表数量的意义,还可用于表示年龄、时间等其他概念。请看下例:

① 在 Tyler & Evans(2003)描述的语义网络中,under 还有"消失、不存在"义(The Non-existence Sense),他们给出的例句为"The business went under(汉译:这笔生意泡汤了)"。此义的 under 为副词用法,本书介词 under 的语义网络不包括此义。

(70)a. *Sorry, you can't drink here if you're under 21.*(汉译:对不起,如果你未满21岁,不能在这喝酒。)

b. *It's impossible to run the marathon in under one hour.*(汉译:在一小时之内跑完马拉松是不可能的。)

上例a中,21岁为界标,under表示年龄低于界标(21岁);b中,一小时(one hour)为界标,under表示时间少于界标(一小时)。

under表示数量少于义时,通常可以用词组less than替换。

二、被覆盖义

under的原型情景表示射体低于界标。如果界标为不透明的物体,当从观察点观察射体时,视线被界标挡住。此时观察到的情景为界标盖住了射体。相应地,under隐喻为被覆盖义。请看下例:

(71)*My diary is somewhere under all this paperwork.*(汉译:我的日记本埋在这些书本下面。)

这句话中,我的日记本(my diary)为射体,这些书本(all this paperwork)为界标,under表示射体(日记本)位于界标(这些书本)之下。由于此处的界标是不透明的,从观察点看不到射体,因此,此处的under隐喻为被覆盖义。

under的被覆盖义可由垂直空间关系隐喻为水平空间关系,射体也可是透明物体。请看下例:

(72)*The curator keeps the pictures hanging in the gallery under glass to protect them.*(汉译:馆长把这些画用玻璃罩住,悬挂在美术馆里,以保护它。)

这句话中,这些画(the pictures)为射体,玻璃(the glass)为界标。此处界标(玻璃)为透明物。under表示界标(玻璃)水平覆盖在射体(这些画)之上,并非表示射体的垂直空间位置低于界标。实际上二者处于同一水平面上。

除表示空间关系外,under的被覆盖义还可隐喻到其他领域。请看下例:

(73)a. *The German often bombed London under the cover of darkness.*(汉译:德军经常在夜幕的掩护下轰炸伦敦。)

b. *He hid his yawn under a cough.*(他用一声咳嗽掩盖了他的哈欠。)

上例a中,夜幕(darkness)为界标,轰炸(bomb)为射体;b中咳嗽(a cough)为界标,哈欠(yawn)为射体。两句的under都表示射体被界标覆盖,不表示空间位置关系。

三、被控制义

under的原型场景为射体空间位置低于界标,并和界标有接触的潜势。同over的隐喻过程类似,under隐喻出被控制义,表示射体处于界标的控制下。请看下例:

(74)*The boy had trapped the fly under his hand.*(汉译:男孩把苍蝇罩在手下。)

这句话中,苍蝇(the fly)为射体,手(hand)为界标,under表示射体(苍蝇)低于界标(手)。也就是说,苍蝇处于手的控制下,under隐喻出被控制义。

under可表示被控制的意思。此处的"控制"是广义概念,在各种语境中,可形成在

(某人)统治或领导下、根据(协议、法律或制度的)规定、承受(某种负荷)、在(某事物的)状态中、使用(某名称)、被分类为(某事物)等语义。请看下例:

(75) *a. She has a staff of 12 working under her.* (汉译:她手下有12名员工。)

b. Under its new conductor, the orchestra has established an international reputation. (汉译:在新指挥的领导下,这个乐队在国际上树立了声誉。)

c. Under the terms of the lease you had to pay the fines. (汉译:根据租约条款的约定,你应该付罚款。)

d. She was struggling under the weight of three suitcases. (汉译:她提着三个箱子,气喘吁吁。)

e. The buildings are under good repairs. (汉译:这些建筑物维修保养得很好。)

f. He is very much under the influence of the older boys. (汉译:他受大孩子们的影响很深。)

g. If it is not under sport, try looking under biography. (汉译:如果不在体育名下,请看看是否在传记名下。)

上例a中,12名员工(a staff of 12)为射体,她(her)为界标。b中,乐队(the orchestra)为射体,新指挥(new conductor)为界标。两句中的under都表示射体处于界标的统治或领导下。c中的射体没有直接出现,租约的条款(the terms of the lease)为界标,under是"根据……规定"的意思。d中,她(she)为射体,三个箱子的重量(the weight of three suitcases)为界标,under表示射体处于界标控制之下,意为射体承受界标的重量。e中,建筑物(the buildings)为射体,修缮良好(good repairs)为界标。f中,他(he)为射体,大孩子们的影响(the influence of the older boys)为界标。两句话中的under都表示射体处于界标描述的状态中。g由两个分句组成,两个分句的射体都为它(it)(译成汉语时可省略),前一分句的界标为体育(sport),后一分句的界标为传记(biography),两分句的under都表示射体处于界标的分类下。

第六节　below的语义分析

如前所述,英语介词below和under的原型场景都表示射体的空间位置低于界标,与汉语的"下"相近。below强调射体和界标没有或几乎没有接触的潜势,与above相对,原型场景如图2-11所示。这是under和below的主要区别。

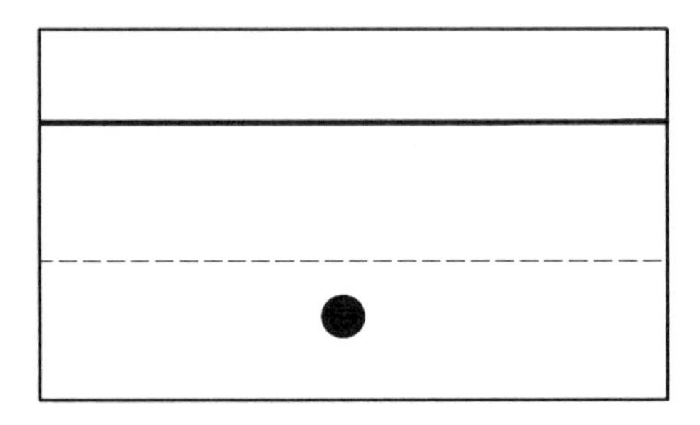

图2-11　介词below的原型场景

除原型情景外，below 还表示其他意义，如图 2-12 所示。

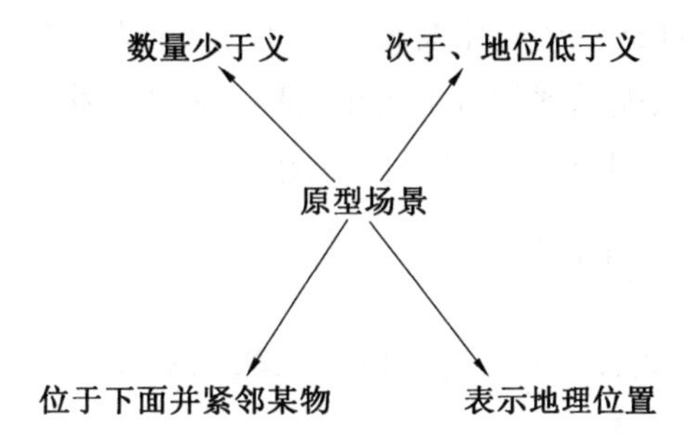

图 2-12　介词 below 的语义网络

一、数量少于义

和 under 一样，介词 below 可由空间域隐喻到数量域，表示射体在数目、价钱、重量等方面低于界标。请看下例：

(76) *The temperature dropped below freezing.* (汉译：温度降到了零度以下。)

上例中，温度(the temperature)为射体，零度(freezing)为界标，under 表示射体(温度)在数量上小于界标(零度)。表示数量少于义时，under 和 below 的差异在于是否强调射体表示的数量与界标表示的数量接近。如果强调二者接近，则选用 under；如果强调二者相差很大，则选用 below；如果不强调二者的差异度，under 和 below 都可选用。

二、次于、地位低于义

如前所述，人类社会中，社会级别、地位以及事物的重要常常与空间关系相联系。人们将表示空间位置中射体低于界标的概念隐喻到社会级别、地位、重要性等方面。介词 below 从空间域隐喻为能力或级别等低于。请看下例：

(77) *a. I don't interact with Alan much, as he is below me in the law firm.* (汉译：我和 Alan 合作不多，因为在公司他的地位比我低很多。)

b. Her reading comprehension is below average compared to that of other twelve-year-olds. (她的阅读能力低于十二岁孩子的平均能力。)

上例 a 中，他(he)为射体，我(me)为界标，under 表示射体(他)的地位低于界标(我)；b 中她的阅读能力(her reading comprehension)为射体，平均能力(average)为界标，under 表示射体(她)的能力低于界标(平均值)。两句的 under 都不表示射体在空间位置上低于界标。

介词 below 的这一语义与 under 的被控制义(尤其地位低义)有时较为相近，但二者存在细微的区别。请看下例：

(78) *a. He is under me in the firm.* (汉译：在公司，他是我的下属。)

b. He is below me in the firm. (汉译：在公司，他的地位比我低。)

前面已经说过，under 和 below 原型场景的差异在于界标和射体是否互相接触或有接触的潜势。上例 a 使用 under 一词，表示射体(他，he)和界标(我，me)有接触的潜势。通常指二者为直接的上下级关系，常译为汉语的“下属”。b 使用 below 一词，表示射体(他，

he)和界标(我,me)没有接触的潜势。通常指非直接领导的上下级关系,比如公司董事长与普通员工间的关系,翻译成汉语时常常译为“地位比某人低”。

需要指出的是,如果只表示地位或能力低、质量或品质次等义,不强调射体和界标是否有接触的潜势时,under 和 below 可以互换使用。

三、位于下面并紧邻某物

和英语介词 above 类似,below 隐喻出特指义,特指界标下紧挨界标的事物。请看下例:

(79)*a. Not that one, the box below it!* (汉译:不是那个箱子,是它下面那个!)

b. She is in the class below me. (汉译:她比我低一个年级。)

上例 a 中,箱子(the box)是射体,它(it)为界标,below 表示射体(箱子)的空间位置低于界标(它)并紧邻界标;b 中她(she)是射体,我(me)为界标,under 表示射体(她)所在的年级低于界标(我)所在的年级,并且二者只相差一个年级。

四、表示地理位置

如前所述,在自然界中,由于地球引力,河水由高处流向低处。通常河流靠近源头的地方被称为上游,远离源头的地方被称为下游。和 above 隐喻为在(河流)的上游类似,表示空间关系的 below 可隐喻为在(河流)的下游之义。此时的 below 并非表示空间位置,而表示距离。请看下例:

(80)*The hydroelectric station is five miles below the dam.* (汉译:水力发电站在大坝下游五英里的地方。)

上例中,水力发电站(the hydroelectric station)为射体,大坝(the dam)为界标,under 表示射体(水力发电站)位于界标(大坝)下游距离五英里,并非表示二者的垂直高度相差五英里。

第七节　本章小结

本章采用认知语言学分析模式,探讨了英语空间介词 in, on, over, above, under 和 below 的语义网络。在这些介词中,over,above 和 on 的原型场景与汉语“上”类似,但每个词表达的侧重点不同。介词 on 表示射体高于界标并受界标的支撑;over 和 above 表示射体高于界标,不受界标支撑。over 强调射体和界标有接触的潜势;above 强调射体和界标没有接触的潜势。介词 under 和 below 的原型场景与汉语“下”类似,都表示射体的空间位置低于界标。二者的区别在于前者强调射体与界标有接触的潜势,后者强调二者没有接触的潜势。介词 in 的原型场景表示射体位于界标内,并强调界标对射体产生一定的功能,其意义与汉语的“在……内(中)”类似。

在这些介词中,on 的用法需要特别注意。介词 on 的原型场景为射体位于界标之上,受界标支撑。其原型场景的前半部分相当于汉语的“上”,后半部分与英语介词 in 的原型场景中界标对射体产生某种功能类似(事实上,古英语中,介词 in 和 on 为同一词语)。也就是说,介词 on 有些地方类似汉语的“上”,有些地方又类似汉语的“在……内(中)”。

除原型意义外,介词还有一系列隐喻义。介词 on 有支撑义,附着义,边缘接触义,程度加深义,时间义,还表示处于某事物或状态之中;over 有射体轨迹 A-B-C 义,覆盖或遮盖义,检查义,垂直向上义以及部分习语用法;above 表示数目、价钱、重量、程度等超过,级别、地位、重要性高于,位于上面并紧邻某物,表示地理位置(在上游)以及部分习语的用法;under 有数量少于义,被覆盖义和被控制义;below 还有数量少于义,次于、地位低于义,位于下面并紧邻义以及表示地理位置(在下游)义;in 还表示位置(坐落、位于)义,分割为部分义,表示可接触或感知范围内,时间义,进入义以及部分习语用法。

这些隐喻义有些与相应的汉语意义相同,有些不同。例如,介词 over 的隐喻义除与汉语的“上”类似外,还与汉语的多于、覆盖、检查等义类似。介词 in 的隐喻义除与汉语的“在……内(中)”类似外,还与汉语的分割、阻挡、形成某种形状等义类似。

第三章　汉语空间范畴词语语义分析

与其他大多数语言一样，汉语中也存在丰富的表示方位的词语，如“上、中、下、左、右、前、后、里、内、外”等。为了与上一章的英语空间词语比较，本章只分析与上一章对应的“上、中、下、里、内”等词语的语义特征，并尝试使用上一章所采用的语义原型化模式（proto-scene model）解释这些汉字的语义网络。

为了弄清楚“上、中、下、里、内”等词语的原型情景（proto-scene）和具体含义，本书通过教育部语言文字应用研究所计算语言学研究室创制的“古代汉语语料库”（http://corpus.zhonghuayuwen.org/acindex.aspx），研究词语的语义发展变化过程。

“古代汉语语料库”是研究古汉语较为重要的语料库之一，其规模在 1 500 万字以上，涵盖了周、春秋战国、汉、魏晋六朝、隋唐五代、宋、元、明、清等历代的汉语文献资料。经查询，按照在“古代汉语语料库”中出现的频次进行排序，“上”排名第 23 位，共出现 56 230 次，占 0.429 7%；“下”排名 29 位，共出现 52 252 次，占 0.399 3%；“中”排名 30 位，共出现 52 164 次，占 0.398 6%；“里”排名 66 位，出现 31 982 次，占 0.244 4%；“内”排名 245 位，出现 11 524 次，占 0.088 1%。“上、中、下、里、内”五字在 1 500 万字的“古代汉语语料库”中共出现204 152 次，占 1.560 1%。由此可见，“上、中、下、里、内”都是较为常用的汉字。

查阅“上、中、下、里、内”五字在“古代汉语语料库”的出现情况后发现，这些字在三千多年前的周朝就已经被使用，有了原型意义和一些基本意义，因此很难通过数据库追踪其原型意义是什么以及这种原型意义是如何产生的。鉴于此，本书将通过汉字造字法以及这些字在甲骨文或金文中的形体，推测其原型意义，进而推测其基本意义的发展脉络。但是这些字的真实的语义发展脉络可能要追溯到现有资料以前的年代，现有历时语料库无法记录其语义的发展脉络。也就是说，本书推测的这些原型意义、具体意义以及具体意义下的小分项，只是这些字在当代汉语中的语义聚类，并不代表其语义发展脉络，与其真实的发展脉络可能存在不一致。

第一节　“上”的语义分析

“上”是指事造字，在骨刻文中记为二，甲骨文为二，金文为二，小篆中写为上，隶书为上（丁再献、丁蕾，2012）。从不同时期的书写形式来看，汉语“上”的原型意义应为射体位于界标的空间上方，且二者不接触；多数情况下，射体的长度应小于界标的长度，如骨刻文、甲骨文、金文中“上”的写法。后期逐渐发展出“射体位于界标上方，且二者不接触”的意义，如小篆和隶书中“上”的写法。综合“上”的不同语义，可总结出“上”的原型场景与英语的 over 类似，如图 3-1 所示。

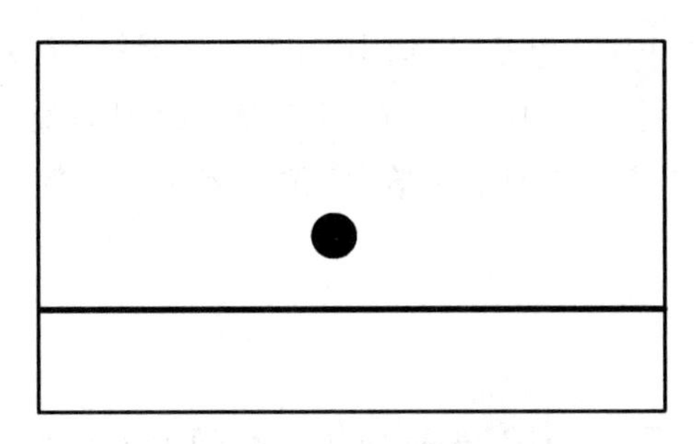

图 3-1　“上”的原型场景

在语言使用和语义发展过程中,“上”的语义不断丰富,现代汉语中“上”的词性已包括名词、动词、形容词等,其具体的语义网络如图 3-2 所示。

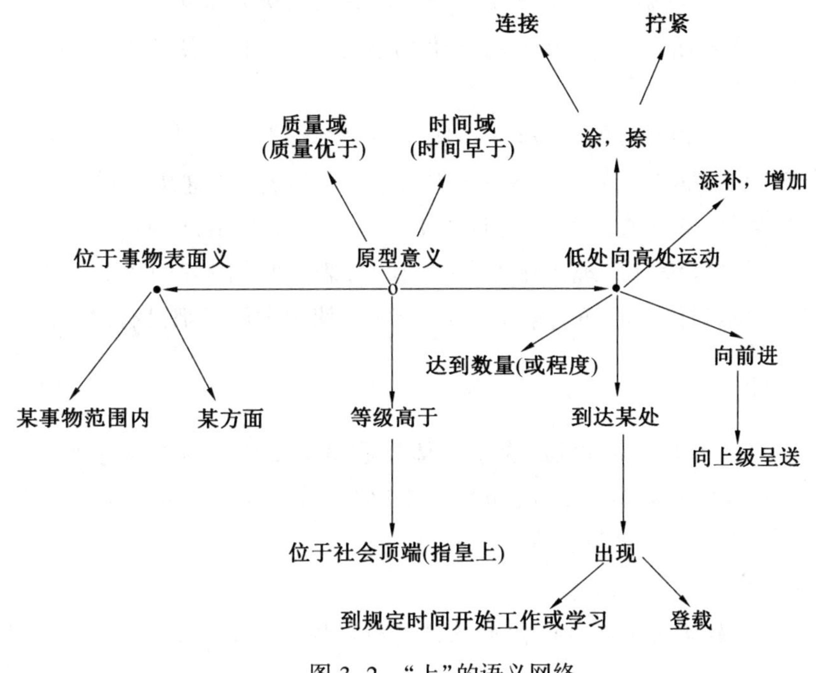

图 3-2　“上”的语义网络

一、原型场景

如前所述,“上”在骨刻文和甲骨文中都由两根横线表示,其中上部的横线(射体)较短,下部的横线(界标)较长,其意义表示射体在界标空间位置上部,且射体与界标不接触。“上”的这一原型意义在现代汉语中仍旧使用,请看下例:

(1)小鸟在天上飞。①

(2)小河上面跨着一座石桥。

(3)扒在二楼上的姑娘不敢往下跳,他便用双手抓住窗户,让女学生踩在他的双肩上,把姑娘接上船。

例(1)中,“小鸟”为射体,“天”为界标,“上”表示界标“小鸟”位于射体“天”的高处。

① 本章的示例多引自现代汉语语料库(http://corpus.zhonghuayuwen.org/cncindex.aspx)和《现代汉语词典(第7版)》,少部分来自作者自省。

例(2)中“石桥”为射体,“小河”为界标,句中“上”表示射体“石桥”位于界标“小河”的高处。例(3)中出现了三个“上”,其中第二个“上”表示原型场景。在此例中,“女学生”为界标,“肩膀”为射体,“上”表示射体(女学生)位于界标(肩膀)的空间高处,并且二者相接触。

二、时间早于

“上”的原型场景隐喻到时间域,表示射体在时间上先于界标。但在这种用法中,通常射体和界标不会同时出现,而以“上卷”“上次”“上半年”等表达形式出现。

(4)我国在上届奥运会上居于第3位。

(5)吃完饭,鬼使神差似的,我们又去了上次我住过的那家旅店。

(6)至于通货的发行,去年每月不到一千亿,今年上半年每月的平均额竟达到两千亿了。

例(4)中与“上届”相对应的应该是“本届”,但是“本届”没有出现,“上届”(射体)表示在时间上先于“本届”(界标)。例(5)中与“上次”对应的是“这次”,同样“这次”并没有出现,“上次”(射体)表示在时间上先于“这次”(界标)。例(6)中的“上半年”对应“下半年”,但是“下半年”并没有出现,“上半年”(射体)表示时间上先于“下半年”(界标)。三例中的“上”都表示射体在时间上早于界标,但实际使用中界标都没有出现。

三、质量优于

“上”的原型场景隐喻到质量域,表示射体在质量上优于界标。与隐喻到时间域类似,在这种用法中,界标通常不会出现,而“上”常以“上等”“上品”等表达形式出现。

(7)这米豆腐,是乡间买来的上等白米做成。

(8)莼菜是国宴中的上等海味。

(9)唐代舞衣以轻柔为上品,所谓“舞衣偏尚越罗轻”“”裁云作舞衣”,经变中舞伎的舞衣也是轻纱透体。

例(7)和例(8)中,“上等”表示质量好于其他产品,例(9)中“上品”同样表示质量和品质好于其他同类产品。三例中的“上”都表示质量优于其他产品,但界标都没有出现。

四、等级高于

“上”的原型场景可隐喻到社会关系领域,表示射体的社会地位高于界标。与前面几种用法类似,“等级高于”义的用法中,界标通常不出现,“上”通常以“上级”“上头”等表达形式出现。

(10)不过,虽是如此,他终于能够咬着牙忍耐着,父亲常常教训他,“吃得苦中苦,方为人上人”,就像这一次,他就是预备吃苦而来的呀!

例(10)“人上人”中的“上”表示社会地位高于别人。上例表示“上”的原型意义隐喻到社会关系领域,表示社会地位高于他人。

在我国封建社会中,社会等级最高的是皇帝,因此“上”在社会关系领域隐喻出一个特殊的意义,表示皇帝,如“皇上”“上谕”等。

五、位于事物表面义

从“上”的骨刻文、甲骨文和金文书写方式可以推测出,“上”的最初含义表示射体位于界标空间的上方,并且二者不接触。到了小篆写法中,“上”的写法与现在的写法就非常类似了,上下两横中有了一个竖线,这一竖线表示射体可能与界标接触,同时射体与界标的关系也不局限于空间的上下关系,而表示射体位于界标的表明。这一用法也是现代汉语“上”的主要用法,如“脸上”“墙上”“桌子上”等。请看下例:

(11)几个喝红了眼的人把服务员的劝说当成恶意,离桌时,将剩酒倒在盘子里和桌上,还有人把桌子掀翻,摔碎了桌子上的餐具。

(12)纪念碑周围,汉白玉栏杆里外,华灯边,旗杆旁,层层摆放着花圈、花篮、花匾、花束,草坪旁边的松墙上,也缀上了朵朵白花。

(13)a. 一大片一大片的雪正下得紧,棉花似的堆在院内,堆在屋顶上。

b. 从如窦的窗洞里钻进来的海风,拂动烛焰跳跃,挂满穹隆屋顶上的尘丝蛛网,也摇摇欲坠。

例(11)中出现了“桌上”和“桌子上”两个词组。两处的“上”都表示射体在界标空间的上方并且二者接触。这一语义与“上”的原型意义较为接近,区别仅在于射体与界标是否接触。例(12)中“松墙上”中的“上”表示射体(白花)位于界标(松墙)的表面,此时射体和界标的空间关系并不是上下关系,而是位于一个平面上。

例(13)a 和例(13)b 中都有“屋顶上”,但二者表达的位置关系却不同。例(13)a 中的“上”表示射体(雪花)位于界标(屋顶)的空间上方,且二者相互接触;例(13)b 中的“上”表示射体(尘丝蛛网)黏附于界标(屋顶),射体位于界标表面,从空间位置来看,此处射体位于界标的空间下方。

例(15)a 和例(15)b 使用的表达形式完全一样,都是“屋顶上”,但是二者表达的射体与界标的关系却不同。在实际应用中,“上”究竟表示什么样的空间关系,需要通过语境来筛选。

“位于表面义”在实际应用中进一步虚化,出现了“位于某事物范围内义”和“某方面义”。前者如“会上”“书上”“课堂上”“报纸上”等,后者如“事实上”“思想上”等。请看下例:

(14)宴会上,双方先后发表了热情的讲话。

(15)有一次上传统教育课,他从这份材料上抄几句,从那张报纸上摘几段,讲稿写了十几张,但讲着讲着,有些人就不愿听了,而他却批评大家不认真听课。

(16)他号召,“让哲学从哲学家的课堂上和书本里解放出来,变为群众手里的尖锐武器”。

(17)事实上,意识是以自然界为前提的,“物质先于精神,无意识先于意识”。

(18)不久,组织上把他调到一个新车班,为他创造了一个新的环境。

例(14)的“宴会上”,例(15)的“材料上”和“报纸上”,例(16)的“课本上”都不再表示空间概念,而是虚化为“某事物的范围内”,在这些表达中,很难辨别清楚哪些是界标,哪些是射体。例(17)的“事实上”,例(18)的“组织上”,都不再表示空间概念义。例

(14)、例(15)和例(16)中“上”前面的名词表示一个看得到摸得着的实物,而例(17)和例(18)中“上”前面的名词表示一个概念,而非实际事物,意义更加虚化。

六、低处向高处运动

“上”不仅表示射体和界标之间静态的空间关系,还可以表示射体在界标空间内向上方移动,其基本的语义图示如图 3-3 所示。

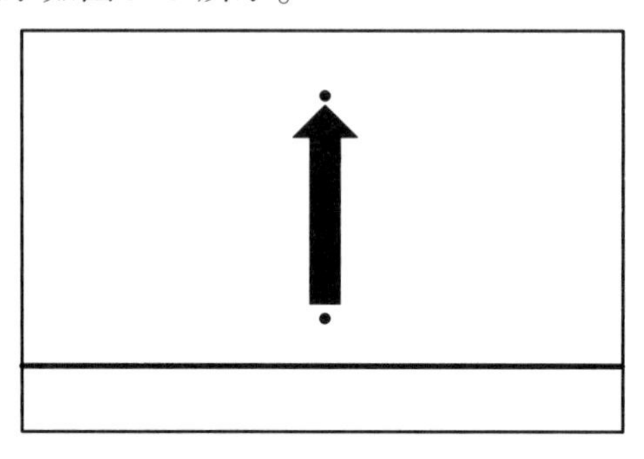

图 3-3 “上”表示射体在界标范围内向空间上方移动的图示

这一用法最常见的表达形式为“上山”“上蹿下蹦”“上楼”等。请看下例:

(19)看看组织介绍信吧,上面清清楚楚地写着:警鼠接受过特别专门训练,侦察工作的能手,头脑机敏,动作灵活,钻洞爬墙,利索无比,上蹿下跳,如履平地,从五层楼顶摔下,不损一根毫毛,能游半英里远,特别是嗅觉灵敏,能从很多种物体中准确地嗅到违禁品的气味……好处写了一大堆,还有什么法子呢?

(20)冬天,罗庆美烤火取暖,他们将火踏灭,说:“要烤,你自己上山砍柴去!”

(21)当她听到尹生辉报出姓名后,忙说:“呵,是尹先生,请客堂里坐,我上楼去告诉白小姐一声。”

例(19)中“上蹿”与“下跳”相对应。“上蹿”的“上”表示射体(警鼠)在界标(地面)范围内由低处向高处运动。例(20)中的“上山”是指由山脚移动到山腰或山顶,表示射体的空间位置由低到高移动。例(21)的“上楼”表示射体由楼下运动到楼上,也表示射体的空间位置由低到高运动。例(19)、例(20)和例(21)都表示射体的空间位置向高处运动,但其运动轨迹并不相同,既可以表示垂直运动又可以表示曲线运动,其中直线运动更接近其原型意义。

“上”表示“射体在界标空间内向上方移动”,还可以进一步隐喻到其他领域,产生其他语义,如“向前进”“向上级呈递”“到达某处”“出现”“登载”“到规定时间开始工作或学习”“添补,增加”“涂,搽”“连接”“拧紧”“达到数量(或程度)”等。

1. 向前进

“上”由表示“射体在空间范围内垂直向上运动”隐喻为“射体在空间范围内水平运动”,如“快上”“见困难就上,见荣誉就让”。请看下例:

(22)虽说忙累,她倒全无倦色,许多让人兴奋、喜悦的新鲜事儿又不断剥去她先前的烙印:脸上青黄的菜色已完全褪去,显出红润展脱的光泽;先前犯愁忧郁的眼睛,也变得黑白有神，水汪汪的了；至于寡居女人眉宇间那种灰暗的冷落气息，也早为上台讲话时理直气壮的神韵取代；处处显出一个女人的风姿和健美了。

(23)过去她们车间的割螺丝口工序，都是手工操作，劳动一天累得腿疼腰酸，曲淑姿同志觉得作为一个革命青年，应该“见困难就上，见后进就帮”，绝不能有“分内”“分外”的界线。

例(22)的“上台讲话”中的“上”表示射体(她)向前移动到达台中央。例(23)“见困难就上”中的“上”，表示遇到困难就向前进。两例中的“上”都不表示射体在空间位置上垂直向上移动，而都表示水平运动。例(23)的语义进一步虚化，有时不局限于实际空间范围内的向前移动。

2. 到达某处

“上”的移动意义进一步虚化，变得没有方向性，表示射体出现在某个地点，表达“到达某处义”。例如“上街”“上工厂”“上哪儿”等。请看下例：

(24)譬如一歌唱名人，金口一开，绕梁三日，使得听众如醉如痴，可是，你要让他上街买菜，下厨烧饭，白天带孩子，夜里爬格子，恐怕也就与普通人没什么两样了，甚至等而下之也未可知。

(25)珊珊觉得房子里很静，以为爸爸上工厂去了，妈妈也已经下地去了。

例(24)中，“上街”表示射体(他)移动到界标(街)上。例(25)中“上工厂”表示射体(爸爸)移动到界标(工厂)。两处的“上”都表示到达某处的意义。

3. 到规定时间开始工作或学习

“上”表示到达某处义时经常与某些名词组合在一起，具体化为一些固定用法，如“上班”“上课”等。请看下例：

(26)第二天早上八点，他又准时上班来了。

(27)普通助教、讲师在校内除上课外，必须做研究工作。

例(26)中的“上班”指到规定地点开始工作，例(27)中的“上课”指到规定地点开始教学。二者都有“到达义”，但是都具体出了特定用法。

4. 出现

在“到达某处义”中，“上”后面通常跟一个地点名词，表示界标。也就是说，这一用法中射体和界标通常都会出现。在实际应用中，“上”的表示“到达某处义”进一步虚化为“出现”的意思。此时通常句子中不出现界标。请看下例：

(28)这一场戏，你应该从左边的旁门上。

(29)这一场球，你们五个先上。

例(28)和例(29)中，“上”后面都没有出现地点名词，也就是说，“上”的界标都没出现。例(28)中,射体是“你”,“上”表示出现,从语境推测,界标应为舞台。例(29)中,射体是“你们五个”,“上”表示出现,从语境推测,界标应为球场。

5. 登载

“上”的“出现义”中,界标通常是不直接出现的。当界标是报纸、媒体等词语时,“出现义”具体出一个新的义项——登载,如“上报”“上电视”“上账”等。请看下例:

(30)当她的形象出现在电视屏幕上时,她班上的小朋友们可高兴了:“快来看,我们丁老师上电视了!”

(31)五(2)班的黎丽上电视台当广告模特的新闻,一大清早就在中华路小学的师生中传开了。

例(30)和例(31)中都使用了词组“上电视”,意思是射体(丁老师/黎丽)出现在电视屏幕上,此处的“上”是“出现在屏幕上”之义。

6. 向上级呈递

“上”可以隐喻到社会关系领域,表示社会等级较高。这一语义还可表示向社会关系较高的一方做某事,后面常接动词,“向上级呈递”之义,如“上书”“上交”“上缴”等。请看下例:

(32)针对中国一些地方拐卖妇女的犯罪活动,民革、民盟等民主党派团体和全国妇联日前联合上书,呼吁对罪犯进行严惩。

(33)到五月上旬,合同已全部完成,货已全部发出,实现利润二十一万元,上缴税金十一万五千元。

例(32)中的“上书”表示下级向上级递交书信陈述情况。例(33)中的“上缴”表示企业向国家机关缴纳税款;在一般人的思维里,企业应接受国家机关的管理,属于下级。两例中的“上”都表示社会等级较低者向较高者呈递材料或信息。

7. 添补,增加

“上”的语义可以隐喻到数量域,表示“添补或增加义”,如“上水”“上货”“上肥”等。请看下例:

(34)机车上水,只需要二十分钟,就是我找得着人,也来不及了。

(35)大概在山坡地里上肥……

例(34)中的“上水”是给机车加水,例(35)中的“上肥”是指给土地增加肥料。两句中的“上”都是“添补或增加”之义。

8. 涂,搽

"上"的"到达义"与某些特定词语结合,表示"涂或搽义",如"上颜色""上药"等。请看下例:

(36)继而用银花以解毒疗痈;桔梗、贝母、薏苡仁、广皮、葶苈子以开胸排痰;白芨为治疮痈要药;当归、黄芪、甘草益气养血,安内攘外,上药配伍,解毒排脓,兼以扶正,可做治肺痈的通用方,或用于肺痈恢复期。

(37)他要把彩灯和焰火礼花画得特别美丽,留着最后上颜色。

例(36)的"上药"表示把药涂抹到需要治疗的部位,例(37)的"上颜色"表示把颜色涂抹到纸张或其他东西上。两例中的"上"都是"涂或搽义"。与其他用法类似,这一用法是"上"在应用中产生的具体意义。表示这一意义时,与"上"连用的词语是固定的、有限的。

9. 达到数量(或程度)

"上"的意义可以隐喻到数量域或程度域,表示"达到某数量或某种程度",如"上百人""上年纪""上档次"等。请看下例:

(38)此舞为集体群舞,多至上百人围成圆圈,由芦笙手在前吹笙领舞,其余人随后款款起舞。

(39)针对目前面临的国内外市场新的机遇和挑战,轻工业部正按调整产量,上品种、上质量、上档次、上效益的目标,加紧进行改组改造工作,以使全行业尽快达到或接近国际同行业先进水平。

例(38)中"上百人"表示人数达到一百人。例(39)中出现四个"上",包括"上品种""上质量""上档次""上效益",后面三个词组中的"上"都是"达到"的意思,分别为"达到某种质量""达到某种档次""达到某种效益"。

10. 其他具体意义

"上"在使用过程中产生了一些具体意义,如连接义、拧紧义等。这些意义需要"上"与特定词语连用,如"上锁""上刺刀""上螺丝""上弦""表该上了"等。请看下例:

(40)但校方早有防范,各处房门全部上锁。

(41)(掏出美丽的表盒)于科长,你看,真正瑞士造,自动上弦,不生锈,不怕水,不进灰土!

例(40)中"上锁"表示用锁锁上房门,此处的"上"是连接义。例(41)的"上弦"表示拧紧表的弦,此处的"上"表示拧紧义。这些意义都是"上"在特定语境下产生的具体意义。这些具体意义需要与特定词语结合使用时才会出现。

第二节 “下”的语义分析

“下”与“上”是对应的一组汉字。与“上”相同，“下”也是指事字，在骨刻文中记为，甲骨文为，金文为，小篆中写为，隶书为（丁再献、丁蕾，2012）。从不同时期的书写形式来看，汉语“下”的原型意义应为射体位于界标的空间下方，且二者不接触；多数情况下，射体的长度应小于界标的长度，如骨刻文、甲骨文、金文中“下”的写法。后期逐渐发展出“射体位于界标上方，且二者不接触”的意义，如小篆和隶书中“下”的写法。综合“下”的不同语义，可总结出“下”的原型场景与英语的 under 类似，如图 3-4 表示。

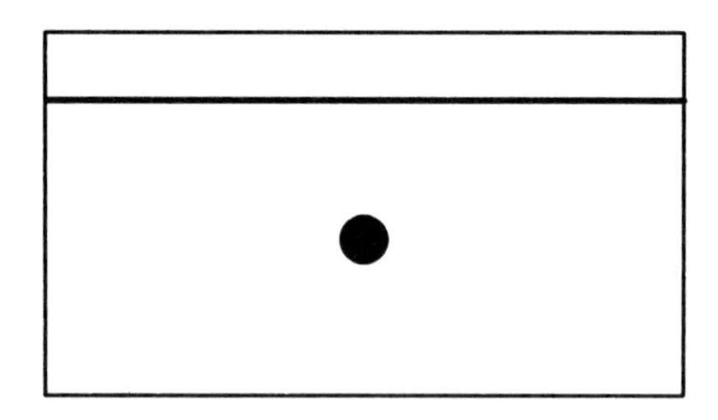

图 3-4 “下”的原型场景

在语言使用和语义发展过程中，“下”的语义不断丰富，现代汉语中“下”的词性已包括名词、动词，甚至量词等，其具体的语义网络如图 3-5 所示①。

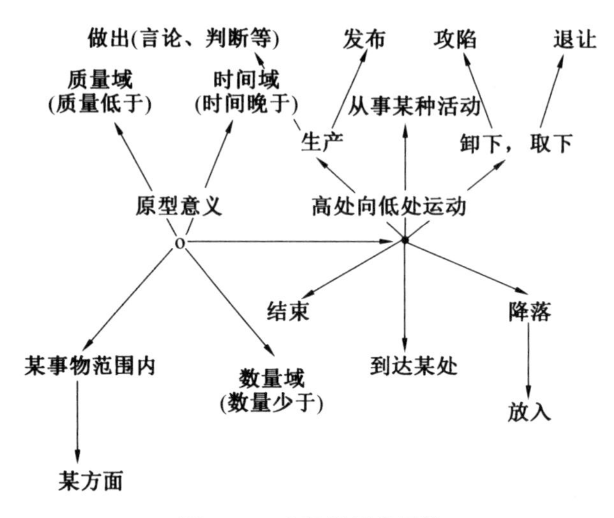

图 3-5 “下”的语义网络

一、原型场景

如前所述，“下”在骨刻文和甲骨文中都由两根横线表示，其中下部的横线（射体）较短，上部的横线（界标）较长，其意义表示射体在界标空间位置下部，且射体与界标不接

① 除图示中的语义外，“下”还可以做量词，如“钟打了三下”“摇了几下旗子”“瓶子里装了半下墨水”“他真有两下”等。这些用法与“下”的原型意义及其具体意义相距较远，因此未包含在“下”的语义网络中。

触。“下”的这一原型意义在现代汉语中仍旧使用,请看下例:

(42)在西方,早在古埃及和古希腊时代就对心理治疗相当重视,如强调要把“言语”作为一种治疗疾病的工具,也有的使用惊吓作为治疗某些疾病的手段,如让精神病人走过在河中搭起的特制的桥,当病人行至桥中央活动亭子时,突然落入桥下冷水中,受惊后使疾病好转(因之,这种桥被称为“疯人之桥”)。

(43)记者提出到三系宿舍看看,走了三层楼,只见床下的鞋子都是排成“一字型”。

(44)树下摆着长着绿叶的小板凳,周围是随风飘动的野花……

例(42)中,“桥”为界标,“冷水”为射体,“下”表示射体(冷水)的位置位于界标(桥)的空间下方,并且二者不接触。例(43)中,“床”为界标,“鞋子”为射体。“下”表示射体(鞋子)的位置处于界标(床)的空间下方,且二者不接触。例(44)中,“树”(确切说,树冠)是界标,“小板凳”是射体,“下”表示射体(小板凳)位于界标(树)的空间下方,且二者不接触。以上几例是“下”的原型意义用法,现代汉语中仍在使用。

二、时间晚于

“下”的语义可以隐喻到时间域,表示射体在时间上晚于界标。比如“下次”“下半年”“下不为例”等。请看下例:

(45)他还诙谐地说:“希望下届世乒赛中国运动员手下留情,给其他国家运动员留一两块金牌。”

(46)为了适应新形势的需要,下半年由邮局发行的报刊品种比上半年又将增加一百五十多种,而其中绝大部分是科技、教育刊物。

(47)她以为老师在含蓄地批评她,便表示下次不穿了。

例(45)中“下届”以“这届”为界标,表示时间晚于这届(界标)。例(46)中“下半年”以“现在”为界标,表示时间晚于现在(界标)。例(47)中“下次”以“这次”为界标,表示时间晚于这次(界标)。三例中“下”都表示“时间晚于义”。这种用法中,“界标”可能不会明确出现。

三、质量低于

“下”的原型场景隐喻到质量域,表示射体在质量上次于或低于界标。与隐喻到时间域类似,在这种用法中,界标通常不会出现。这种用法中“下”常以“下等”“下策”“下品”等表达形式出现。请看下例:

(48)东兰县农民租种地主田地,上等水田租额高达收获量的三分之二,中等水田五分之三,下等水田二分之一。

(49)职能部门(参谋人员等)因为职位所限,往往很难统筹兼顾,因此较难确定上、中、下策。

例(48)的“下等”一词对应“上等”和“中等”,例(49)“下策”对应“上策”和“中策”。两例中的“下”都表示“质量不好、质量低于”之义。

四、数量少于

“下”的语义隐喻到数量域,表示“数量少于”,但这一用法通常与否定词连用,请看下例：

(50)缘松江浦南浦北地方有折田数万亩，财厅为顾恤民艰起见，令酌量四六折纳粮，后接该县呈报该地完全荒地，未能纳赋等情到厅，故厅方亦未从严过问，讵该征收主任等至十九年起，即向该地粮户十足征收，毫无折扣，对上峰则一成不报，结算迄今，不下十余万元。

上例中“下”后接数量词，“下”的意思表示“数量少于义”，“下”前面接了否定词“不”。从这些信息可以看出，“下”后接数量词可以表示“数量少于义”，并且这一用法通常与否定词连用。

五、某事物范围内

上一节讲过，“上”的“位于表面义”虚化出了“位于某事物范围内义”。“下”也有表示“某事物范围内”的用法，如“名下”“部下”“在党的领导下”“在这种情况下”等。请看下例：

(51)这是我军在党的领导下，加强教育训练，加强战备工作，在现代化正规化革命军队建设中取得丰硕成果的一次胜利检阅。

(52)船长在尉迟教授的建议下，决定立刻抛锚，派人到冰山上进行实地考察。

(53)在这个理论指导下，形成了以经济建设为中心、坚持四项基本原则、坚持改革开放的党在社会主义初级阶段的基本路线，确立了中国实现社会主义现代化的正确道路。

例(51)、例(52)和例(53)中分别出现了“领导下”“建议下”“指导下”。这些表达形式中与“下”连用的都是抽象名词，这些表达形式中的“下”都不表示方位关系，而表示“在……范围内”。

六、高处向低处运动

“下”不仅表示射体和界标之间静态的空间关系，还可以表示射体在界标空间内向下方移动，如图 3-6 所示。

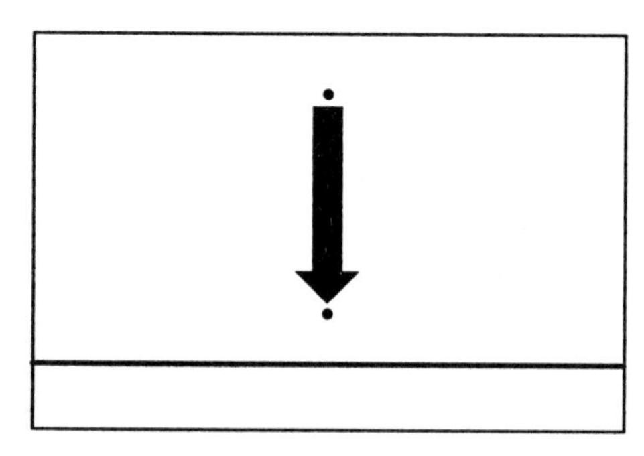

图 3-6 “下”表示射体在界标范围内向空间下方移动的图示

这一用法在现代汉语中也较为常用，如“下山”“上蹿下蹦”“下楼”等。请看下例：

(54)他突然想到了这句豪迈的话，于是鼓足了勇气，向曹英请了个假，下山去了。

(55)老佣人上去不一会，白洁如便下楼来了，果然是一副病恹恹的样子。

(56)我感激地看了他一眼，跳下车，顾不得冻得有点麻木的双脚，奔到那朵黄色的小花前。

例(54)中的“下山”指射体(他)由山的高处移动到山的低处。例(55)中的“下楼”指射体(白洁如)由楼上移动到楼下。例(56)中的“下车”指射体(我)由车上移动到车下。三例中的“下”都表示射体由空间高处移动到低处。

“下”表示“射体在界标空间内向下方移动”,还可以进一步隐喻到其他领域产生一些具体语义,如“卸下、取下”“降落”“到达某处”“结束”“生产”“从事某种活动”等。

1. 卸下,取下

“下”的“高处向低处运动义”可隐喻为“卸下或取下义”,如“下妆”“把敌人的枪下了”“把窗户下下来”等。请看下例:

(57)李连长先带来的那连人,已把刺刀下下来了。

(58)有时,为了照顾到角色的劳逸,照顾到角色上妆、下妆、换衣时间等等,也在角色上下场的安排中解决。

例(57)“把刺刀下下来”中第一个“下”,意思是把射体(刺刀)从界标(枪)上取下来。例(58)“下妆”中的“下”,是指卸掉化好的妆。两例中的“下”都表示“卸下或取下之义”。

“下”的“卸下或取下”之义可隐喻出“攻陷义”或“退让义”,这时候“下”通常与特定词语连用,如“连下数城”“相持不下”等。请看下例:

(59)一九二五年二月一日,蒋介石率黄埔军校教导团、学生军和粤军第二师张民达部、第七旅许济部,出发东征,连下东莞、石龙、常平、深圳,十四日进攻淡水,与陈炯明叛军展开一场血战。

(60)山东、湖南等省代表主张退位,张勋和倪嗣冲的代表则坚决反对,双方相持不下。

例(59)中“连下东莞、石龙、常平、深圳”是指军队攻陷了这些城市,“下”是“攻陷或攻克”之义。例(60)中“相持不下”指双方互不退让,“下”是“退让”之义。需要说明的是,“下”的这些用法要与固定词语搭配使用。

2. 降落

“下”的“从高处向低处运动义”可隐喻出“降落义”,此时多用来描述自然现象,如“下雨”“下雪”“下雹子”。请看下例:

(61)小伙子,别以为出着太阳就不会下雨。

(62)外面刮风下雪,她懒得去拿,就叫王哲自己去。

例(61)中的“下雨”和例(62)中的“下雪”都是自然现象,“下雨”是指雨点从空中降落到地上,“下雪”是雪花从空中降落到地上。两例中的“下”都是“降落”的意思。

“下”的“降落义”可以隐喻出“放入义”,此时通常不再描述自然现象,而是人类活动,“下”带的宾语可以是具体物体,也可以是抽象物体,如“下种”“下面条儿”“下本钱”等。请看下例:

(63)各抗日根据地的中、小学,在参加生产劳动的过程中,都是实行教师“以身作则”

的，前面讲的夏陶然同志是个典型，类似的模范教师各地区都有，例如，晋察冀的模范教师桑文义，在领导学生开荒、下种、锄苗等劳动中都是带头干的。

(64)据他说，如果他的计划能获批准，按他计划里开列的项目引进外国的先进技术和先进设备，前十年下本钱，后十年就会见成效。

例(63)的“下种”是指把种子播种在泥土里。例(64)的“下本钱”是“舍得投入”之义。例(63)中“下”后接的是“种”，指具体事物；例(64)的“下”后接“本钱”，指抽象事物。两句中“下”的意义都由“降落义”引申出来。这时候通常“下”的施动者为人，指人类活动。

3. 到达某处

“下”的“从高处向低处运动义”可隐喻为“到达义”，此时“下”后的地点通常是社会层次较低的人聚集的地点，如“下乡”“下车间”“下馆子”等。请看下例：

(65)他白天下乡，晚上整理材料，节假日也不休息，受到同志们的称赞。

(66)干部对职工处处将心比心，还改进了等群众上门的“接待日”制度，每周一次下车间直接聆听群众意见，从而增强了企业的凝聚力，有的原来想调离企业的职工也比较安心了。

例(65)“下乡”的射体是“他”，“下”表示射体(他)移动到乡村。例(66)“下车间”的射体是“干部”，“下”表示射体(干部)移动到车间。汉语的“上”和“下”都有“到达”之义，通常“上”表示射体移动到社会地位更高、更被人向往的地方，而“下”正好相反，表示射体由社会环境更好的地方移动到社会环境较差的地方。

4. 结束

“下”的“从高处向低处运动义”和特定词语结合的时候，可隐喻出“到规定时间结束日常工作或学习”之义，如“下班”“下课”“下岗”等。请看下例：

(67)凯蒂常常在下班回家途中在这儿逗留一下，喝杯酒，吃顿晚饭。

(68)自打开学起，她便是下课就走。

例(67)的“下班”表示“结束规定的工作时间停止工作”之义。例(68)的“下课”表示“结束规定的上课时间停止课程”之义。两例中的“下”都表示“结束某些活动”之义。但这种用法中“下”后接的词语有一定限制，通常只和某些词连用。

5. 生产

“下”的“从高处向低处运动义”可隐喻为动物的“生产”，常用的搭配为“下蛋”“母猪下小猪”等。请看下例：

(69)鸡，白天觅食于林，晚上栖之于树，在石缝中下蛋，在黑暗里孵化，虽大部分被蛇鼠果腹，却也常常不知从哪儿带出几只毛绒绒的鸡雏。

(70)“生”和“下”也能通用,在都表达“产生”这个意思时,还有应用对象或范围的不同,我们说“鸡生蛋”也说“鸡下蛋”,但只说“人生小孩儿”而不说“下小孩儿”,因为,前者既可以用于人,也可以用于物,而后者只能用于物。

例(69)和例(70)都使用了“下蛋”一词,表示动物(鸡)产幼崽或蛋。例(70)清晰地解释了“下”表示“生产义”的用法时,只能用于物,不能用于人。

“下”的“生产义”可隐喻到社会生活其他领域,表示“发布义”或“做出(言论、判断等)义”。这时候“下”的动作发出者不是动物,而是人或机构,如“下结论”“下批语”“下定义”“下命令”“下通知”“下战书”等。请看下例:

(71)我认为,不能简单地对产权制度改革持肯定或否定意见,主要应面对现实,分析现行的产权制度对社会主义经济发展的作用如何,有利还是有弊,在深入分析的基础上做结论可能胜过武断地下结论。

(72)美洲的印第安人,曾广泛使用这种办法记事,如做传记、写历史、发布告、下战书、记人口、录战歌、写情书、做游记,等等。

例(71)“下结论”中的“下”,表示“做出之义”,例(72)“下战书”中的“下”有“发布”之义。这些表达中“下”的动作发出者都为人或组织。

6. 从事某种活动

“下”的“从高处向低处运动义”可隐喻为“从事某种活动义”,此时“下”通常与一些棋类活动连用,如“下象棋”“下围棋”等。此外,“下”的“从事某种活动义”可进一步延伸,表示“使用或开始使用之义”,如“下力气”“下功夫”等。请看下例:

(73)后来只许接见家属,除开六人“讨论会”或“谈话会”外,有的下围棋,有的下象棋,有的看书,便很快地过了一天。

(74)学习马列主义,如果不在掌握它的立场、观点和方法上狠下功夫,只是了解一些片言只语,必然陷入唯心论和形而上学;用它来指导工作,必然犯主观主义和教条主义的错误。

例(73)的“下围棋”和“下象棋”中的“下”都表示“从事某种活动之义”,此时“下”后接的通常是棋类名称。例(74)“下功夫”中的“下”表示“投入或使用之义”,此时“下”后接的可以是表示实际事物的“手”“刀”等,也可以是抽象名词如“功夫”“时间”等。

“下”的“从事某种活动义”可进一步虚化,表示动作的完成或结果,此时的“下”表示趋向,如“打下基础”“定下计策”“准备下材料”等。请看下例:

(75)我们常说要勤学苦练,我认为就是指向老师认真学习,只有真正掌握了先辈们的艺术遗产以后,才能为自己进一步的运用和创造打下基础。

例(75)的“打下基础”中的“下”表示趋势,此时“下”的语义很难和其原型意义关联。

第三节　“中”“内”“里”的语义分析

现代汉语表示方位的词语除了“上”和“下”以外,还有“中”“内”“里”。“中”是指事字,在甲骨文中写作“”、“”、“”或“”。从字形上看,“中”的甲骨文由三部分组成,上下为飘扬的军旗,中间是围起来的一块空地。最初的意思是指“对峙的两军间的军事地带”。“内”最初为动词,意思为“进入洞穴或住处”。“内”是会意字,在骨刻文中写为“”,甲骨文为“”,金文为“”,小篆为“”,隶书写作“”。“里”是会意字,最早出现在金文中,写作“”,最初意思表示“居住或耕种的田园”。现代汉语中,“中”“内”“里”三字都表示空间关系,都与英语的“in”有些类似。

一、“中”的语义分析

如前所述,“中”最初表示“两军对垒时两军之间的地带”,但是这一用法在现代汉语中已经消失了。其最初的意义扩展为“表示与两端等距离的位置”。这一用法在现代汉语中仍旧常用,并由此隐喻出其他义项。请看下例:

(76)从湾子后高粱地里射来三发子弹,把他中指上挑着的咖啡色呢礼帽打出三股青烟。

(77)主队中锋突破对方层层防守,一个鲤鱼跳龙门,好球!

(78)轿夫们中途小憩,花轿落地。

例(76)的“中指”是指五根手指中中间的那一根。例(77)的“中锋”是体育用语,这里指足球运动前锋中居中的那一位(两边的前锋分别被称作“左边锋”和“右边锋”)。例(78)的“中途”是指距离出发地和目的地中间的位置,现在这个意义有些泛化,不仅指两者物理距离的中间,还指途中的任意位置。以上三例,都是“中”的原型意义在现代汉语中的遗存。

除了原型意义,“中”的意义还可以指“跟四周的距离相等、中心”“范围内”“等级在两端之间的、等级居中的”“时间在两端之间的、时间居中的”“不偏不倚的”“表示持续的状态”等意义。其语义网络如图3-7所示①。

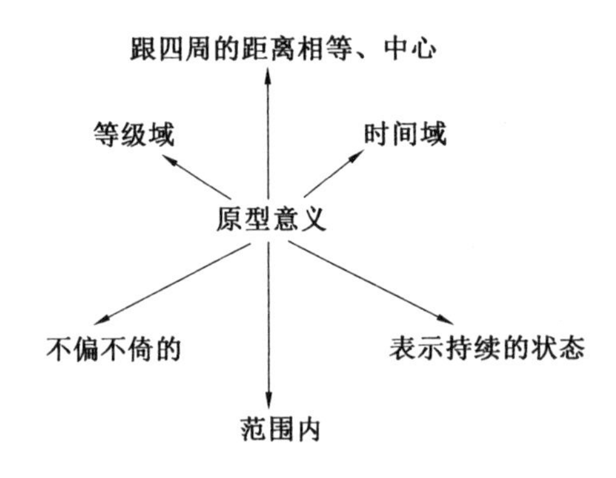

图3-7 “中”的语义关系网络

① 除以上语义外“中”还可有“适于、合于”之义,如“中看”“中听”“中用”。另外,在部分方言中,“中”还有“好、行、可以”之义。这些语义与“中”的原型意义相去较远,因此语义网络中没有包括这些语义。

1. 跟四周的距离相等

“中”本指“距离两端距离相等”，也就是说，仅用在一维的“线”空间上。后来“中”的用法不断扩展，可以用在表示“面”的二维空间和表示“体”的三维空间，表示“跟四周距离相等的位置”，如“居中”“中心”“盒子中”等。请看下例：

(79)室中布置简单精雅，卧榻居中，旁置方台一，台上置有一盆水果，一只香炉，香烟缭绕。

例(79)的“居中”表示射体(卧榻)与界标(房间)的四周距离相等或近似相等。需要说明的是，“居中”“中心”等词语还可以隐喻到非空间域，表示事物的核心或重要部分。

2. 等级域

“中”的语义可隐喻到社会关系域或其他领域，表示“社会关系不高也不低”“形状不大也不小”等，如“中农”“中学”“中型”“中等”。请看下例：

(80)按收词的多少和内容的详略，又可以分为小词典、中型词典、大词典三类。

(81)任何资本主义国家，基本上有三种主要社会力量，即资产阶级、无产阶级和处在它们两者之间的中等阶层。

例(80)“中型词典”中的“中型”指词典的规模介于“小型”和“大型”之间。例(81)“中等阶层”中的“中等”指社会阶层、社会地位和社会财富位于“资产阶级”与“无产阶级”之间的社会阶层。两例中的“中”都表示“位于与等级两端相等位置的部分”。

3. 时间域

“中”可隐喻到时间域，表示距离两个时间节点中间的时间，如“中秋”“中叶”“中年”等。请看下例：

(82)从此，他每年中秋都要采点梨、葡萄等水果祭月，渐渐形成了习惯。

人们通常根据时间顺序，将秋天分为初秋、中秋和晚秋三个时间段。中秋就是指初秋过后晚秋未到的居于中间的时间段，例(82)的“中秋”就是这一语义，是“中”的空间义隐喻到时间域的义项。

4. 范围内

“中”的表示空间关系的语义可隐喻到其他领域，此时“中”不表示空间关系，而表示射体处于界标的范围内。此时的界标既可以是具体事物，也可以是抽象事物，如“家中”“水中”“山中”“心中”“队伍中”等。请看下例：

(83)它喝水时，有嘴不用，而是把半个头部浸入水中，用眼睛一眨一眨，把水喝到肚子里去。

(84)他颂扬任弼时同志“终身都是勤勤恳恳,埋头苦干,心中只有党和人民的利益,从不计较什么名誉地位”;称赞陈赓同志“不计浮名不畏难,从无艰险落君前”。

例(83)的“中”表示射体(半个头)位于界标(水)的范围内。例(84)的“中”表示射体(党和人民的利益)位于界标(心)的范围内。两例的“中”都表示“射体位于某事物范围内”的意思。其中例(83)的界标(水)为具体事物,例(84)的界标(心)为抽象事物。

5. 表示持续的状态

“中”表示“处于某范围内义”时,既可以表示处于具体事物中,又可以表示处于抽象事物或状态中,这一语义进一步虚化为“处于一种持续的状态中之义”。此时“中”常与“在”连用,形成“在……中”的表达形式,如“列车在运行中”“工厂在建设中”等。请看下例:

(85)他提出,我党在长期的革命斗争和社会主义建设中积累了极其丰富的经验,这是我们党的宝贵财富。

(86)语言在人们的使用中之所以能够发展,能够创造新成分,必须是以基本词汇和语法构造为基础,通过语言内部音义的矛盾统一来实现的。

例(85)的“在”和“中”共用,表示“革命斗争和社会主义建设”处于一种长期持续的状态。例(86)同样是“在”和“中”共用,表示“使用”这一动作一直持续,是一种长期存在的状态。

6. 不偏不倚的

“中”的语义“位于与四周距离相等的地方”可以表示抽象意义,隐喻为“不偏不倚之义”,如“中庸”“适中”等。请看下例:

(87)中庸是中国儒家对人处世的一个一般的原则和方法。

(88)印度手镯、项链花色繁多、富有民族特色,价格适中。

例(87)的“中庸”是中国哲学中的一项重要内容,意思是不要冒尖,不要走极端,也就是做事处于不偏不倚的状态。例(88)“价格适中”的“中”,表示价格不高不低,处于中游水平。两例的“中”都不再表示空间关系,而是隐喻为“不偏不倚之义”。

二、“内”的语义分析

如前所述,“内”最初为动词,意为“进入洞穴或住处”。现代汉语中“内”的这一用法已经消失,现在最基本的语义是表示方位,与“外”对应,如“内城”“内河”“国内”等。请看下例:

(89)等敌人从掩蔽部钻出来进入坍塌不堪的工事,内城四周护城河的河面上,已经出现了十几座这样的浮桥。

(90)各级领导一定要因势利导,不仅引导农民关心本地市场,而且关心国内和国际市场。

“内城”与“外城”对应。一些城池有多座城墙,最里面的城墙内通常称为“内城”。例(89)的就是此义。在人们的思维中,国家有一个清晰而固定的界限,界限包含的部分被称为“国内”,界限外面的部分被称为“国外”或“国际”。例(90)就是这一用法。

除了空间上与“外”相对,“内”还可以隐喻到时间域、指内心或内脏、指称妻子或妻子的亲属以及特指皇宫等。其语义网络如图 3-8 所示①。

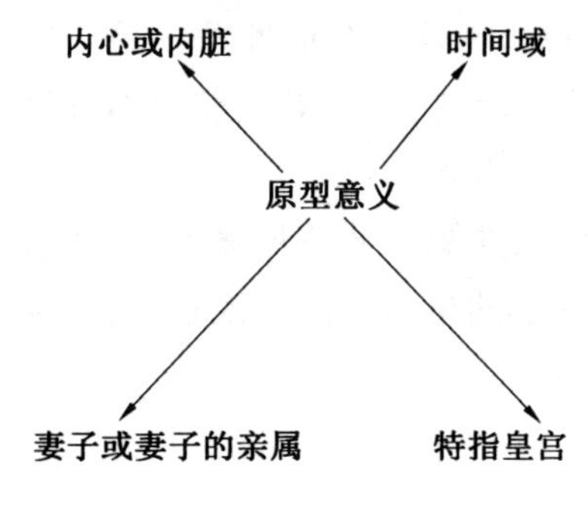

图 3-8　“内”的语义网络

1. 时间域

“内”的语义可隐喻到时间域,表示一段时间中的某个时间点,如“年内”“本月内”等。请看下例:

(91)今天下午在这里举行的中、古女排之战,是这两支队伍在近一个月内进行的第三次交锋,中国队 3 战 3 捷。

(92)整个建筑预计三年内建成并开业。

例(91)“一个月内”中的“内”表示在“一个月”这一表示“段”的时间中的某一或某些时间点上。例(92)“三年内”中的“内”表示在“三年”这段时间的某一或某些时间点上。这两例都是“内”隐喻到时间域的用法。

2. 内心或内脏

认知语言学认为,体验性是语言的特性之一。人们通常用身体把空间切割开,形成“身体内”和“身体外”的概念。汉语中的“内”也经常特指“身体内”,如“内省”“内疚”“五内俱焚”。请看下例:

(93)我们正须由于此种直接的内省所得之基本的知识,而后才能行那种客观的研究,否则心理研究上到底不能走入一步。

(94)当邬叔叔知道这些后深感内疚,他告别了家乡,漂洋过海,到美国留学去了,并且因此他一辈子没有结婚。

例(93)的“内省”是一种研究方法,通常是指自己对自己的主观经验及其变化的观

① 除语义网络所示的义项外,“内”还有“亲近”之义。这是“内”古代汉语语义的遗存,最常用的表达形式是“内君子而远小人”。这一用法在现代汉语中几乎不出现,因此语义网络中没有包含这一义项。

察。例(94)的“内疚”是指对一件事情或某个人心里感到惭愧而不安的一种心情。两例中的“内”都是“内心”的意思。

3. 妻子或妻子的亲属

中国传统文化重视家庭,尊重礼仪。在这种思想指导下,常把妻子看作“内”,与“外”(他人)区别开。逐渐地,妻子的亲属也用“内”来指称,以区别丈夫本人的亲属,如“内人”“内弟”“内侄”“惧内”等。请看下例:

(95)但她也同情母亲,她说,在她们兄弟姊妹中,岳母最疼爱的就数内弟了。

上例的“内弟”指说话人妻子的弟弟。需要注意的是,现代社会中这种用法在逐渐减少,甚至已不再使用。

4. 特指皇宫

封建社会的皇帝长期居住在皇宫内,很少直接接触外面的世界,因此汉语的“内”隐喻出特指皇宫之义,如“大内”“内卫”等。请看下例:

(96)这些所谓的大内高手,在蒙面人面前简直不堪一击。

(97)几十个内卫一拥而上,眨眼工夫就将刺客拿下。

例(96)的“大内高手”指古代皇宫中皇帝身旁武艺高强者。例(97)中“内卫”指皇宫中的卫兵。两例中的“内”都特指皇宫。

三、“里”的语义分析

现代汉语中的“里”表示空间概念,通常与“外”对应。但在最初的用法中“里”指“居住或耕种的田园”,如“故里”“乡里”等,其意义与空间意义关系不大。请看下例:

(98)不忘祖宗、饮水思源,无论多少年浪迹天涯海角,总希望有朝一日衣锦还乡、荣归故里、探访幼时的亲朋故旧,这是“落叶归根”思想的基础。

上例的“故里”是家乡的意思,这里的“里”表达的是原型意义,表示“居住或耕种的田园”。

“里”在发展中合并了“裏”字,这使“里”的意义更加丰富。现代汉语“里”除其原型意义外,还表示行政单位、长度单位、地方、衣服的内层、与外表相反的位置、某空间内部等语义。其语义网络如图3-9所示。

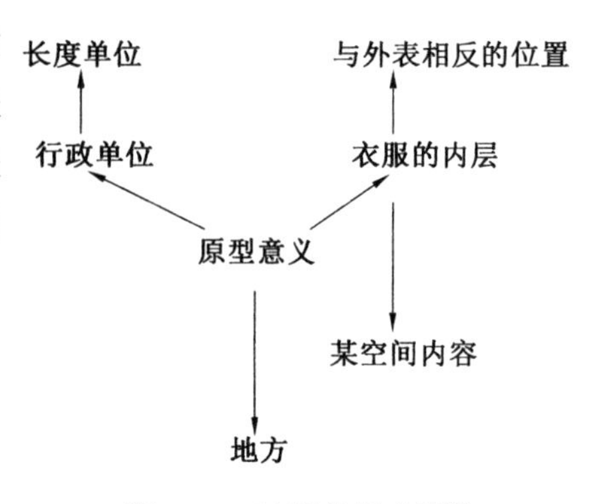

图 3-9 “里”的语义网络

1. 行政单位

“里”曾是古代的行政单位。古代五家为邻,五邻为里。也就是说,一里包括25户家庭。“里长”

“里正”“里君”“里尹”“里宰”“里有司”中的“里”都是指这种行政单位。但现今社会已经没有了“里”这种行政单位，因此“里”的这一用法在现代汉语中很少见到。

一里为25五户家庭，这25户家庭分布在一定范围内，因此作为行政单位的“里”隐喻出长度单位义。现今一里为500米。

2. 地方

“里”的原型场景表示“居住或耕种的田园”，后来语义扩大，表示“地方”，如“这里”“那里”“头里”“哪里”等。请看下例：

(99)县妇联的同志下乡来到这里，得知这个情况，立即向县妇联主任杨云惠汇报了。

(100)在抗洪救灾中，福州市的人民说：“哪里有危难，哪里就有人民子弟兵！”

例(99)的“这里”是“这个地方”的意思。例(100)的“哪里”是“哪个地方”的意思。两例中的“里”都是“地方”之义。现代汉语中，“里”表示“地方”之义已有词缀化的倾向，其语义越来越虚化；表示的语义已不再局限于空间关系，有时候表示“某方面”。

3. 衣服的内层

古代汉语中“里”和“裏”是完全不同的两个汉字，后来“裏”被合并到“里”里面。“裏”(现在的“里”)的原型意义是指“衣服、被褥等东西不露在外面的那一层”“纺织品的反面”，通常读为儿化音，如“被里儿”“衣服里儿”等。后引申为“与外面相反的位置”，如“里屋”“往里走”等。

“里”的“与外相对应”的语义进一步隐喻出“位于某容器围成的内部空间”之义，如“手里”“箱子里”等。这一用法中的容器可引申为抽象事物，如“话里有话”等。请看下例：

(101)父亲溜进里屋，看到二奶奶躺在炕上，眼睛瞪着，腮上的肉不停地抽搐着。

(102)场头座谈会的气氛十分融洽，我们从村子里走出来准备回家，一路上还有好几位社员跟在身后热情地唠叨。

(103)拼在一起后认定，这原是一个装麦乳精用的铁筒，一种土制的硝铵炸药就装在里面。

(104)但是在“他打起仗来像虎一样”这句话里，“虎”这个词就只是被着眼在“非常勇猛”这个内容上来使用的，就不是用的整个意义。

例(101)的“里屋”通常与“外屋”相对应，指不与大门相连而与外屋相连的屋子。此例中的“里”表示与“外”相对的空间。例(102)的“村子里”与“村子外”相对应，此时的“里”已经有类似于“容器内部位置”的意思。例(103)的“里面”是铁桶四周围起的空间，属于典型的“容器内部位置”的意思。例(104)的“话里”指所说话语的一部分，此时的“容器”(话)是抽象事物，和例(103)的容器(铁筒)不同，人们无法真正看到容器的边界。以上四例是“里”由表示“衣服内层”之义隐喻出来的诸多语义的实例。

第四节 本章小结

本章简要介绍了汉语常用的表示空间概念词语的“上”“下”“中”“内”“里”的语义网络。与英语相比，现代汉语中表示空间概念的词语稍微少一些。

“上”和“下”是现代汉语中最常用的表示空间概念的词语，两个词的语义也非常丰富。从骨刻文和甲骨文中“上”的字形可以推断出，“上”的原型意义表示射体在界标空间位置上部，并且射体与界标不接触。这一原型意义在现代汉语中仍旧使用。在后来的用法中，“上”也可以表示射体在界标空间位置上部，并且二者接触。除原型场景外，“上”的语义还可以隐喻到时间域、质量域、数量域等，形成各种具体意义；同时“上”还可以表示处于某事物范围内，或表示由高处向低处运动等。与英语比较，汉语的“上”与 on，over，above 甚至 in 都有类似的语义。自产生之初汉语的“下”就与“上”相对。同样从骨刻文和甲骨文中的字形可以推断出，“下”的原型场景表示射体在界标空间位置下部，且射体与界标不接触。后来“下”发展出射体在界标空间位置下部，且二者接触之义。“下”的原型意义在现代汉语中仍旧使用。除了原型场景，“下”与“上”类似，其语义可隐喻到时间域、质量域和数量域，形成各种具体意义。“下”也可以表示处于某事物范围内或表示由高处向低处运动。与英语比较，汉语的“下”与 under，below 甚至 in 都有类似的语义。

“中”“内”“里”三个表示空间概念的词语义有重合之处，也有不同。三个词的语义都比较简单，都与英语中的 in 有相似之处，个别时候还会等同于英语的 on。三个词中“中”是表示空间概念时最常用的词汇，其原型意义最初表示“两军对垒时两军之间的地带”，但是这一用法在现代汉语中已经消失了。现代汉语中“中”最常用的语义是“表示与两端等距离的位置”。后来这一意义扩展为表示“跟四周的距离相等”。在基本语义的基础上“中”的语义进一步发展，隐喻到等级域或时间域，产生各种具体意义。同时还可以表示“范围内”“不偏不倚的”“表示持续的状态”等意义。“内”最初为动词，意为“进入洞穴或住处”。现代汉语中“内”的这一用法已经消失，现在最基本的语义是表示表示方位，与“外”对应；此外“内”还可以隐喻到时间域、指内心或内脏、指称妻子或妻子的亲属以及特指皇宫等。“里”的最初用法指“居住或耕种的田园”，与空间意义关系不大。“里”在发展中合并了“裹”字，使其意义更加丰富。现代汉语中的“里”表示空间概念，通常与“外”对应。此外还表示行政单位、长度单位、地方、衣服的内层、与外表相反的位置、某空间内部等。

对比上一章英语的空间概念语义网络与本章汉语空间概念语义网络发现，英汉语义空间概念的语义网络有一定相同点，但不同之处更加明显。尤其是隐喻义，两种语言表现出很大差异。这可能是两种语言的使用者处于不同的生活环境和不同历史文化的结果。研究这两种语言中空间概念的相同点和不同表达形式及其不同隐喻方式，可以更加清晰地认识不同民族认知模式的异同以及社会文化因素对认知发展和语言发展变化的影响。

第四章　汉英母语空间概念习得比较研究

前面两章分别介绍了英语和汉语主要的空间概念词语的语义网络，接下来研究英汉母语儿童习得母语空间概念的异同。学者们很早就关注空间能力习得，在前人研究的基础上，Piaget 和 Inhelder(1956)曾提出过“皮亚杰假说”，认为空间概念的习得是有一定顺序、有规律可循的。国内外学者在这一领域做出过很多突出研究。鉴于直接观察儿童母语空间概念习得非常耗时，同时需要研究者具有较强的儿童研究能力，本书在研究母语空间概念习得时主要采用文献法，从前人观察的事实中分析不同语言母语空间概念的异同，进而验证“皮亚杰假说”。

第一节　英语母语空间概念习得概述

国外学者研究了以英语(Wells,1985)、丹麦语(Plunkett,1993)、日语(Hayashi,1994)为母语的十一个月至三十六个月大的儿童习得空间概念的过程。这些成果向人们初步展示了不同母语的儿童习得母语空间概念的异同。学者 Sinha 等(1999)在前人研究的基础上更加细致地观察了英语儿童母语空间概念的习得。他们以两个来自中产阶级家庭的英语母语儿童为研究对象，从第 18 个月开始，每三周采集一次，每次连续采集 24 小时，记录两个儿童的语言使用情况，这项研究一直持续到了两个儿童 60 月龄。在整个语料采集过程中，被研究的儿童以及他们的家长完全不知情。完成数据采集任务后，Sinha 等撰写并分析了这些语料，力图勾勒出英语母语儿童习得空间概念的过程。

表 4-1 为两个英语母语儿童在不同年龄阶段使用空间词汇的情况。从第 17 个月 30 天开始，有一个儿童首次使用了空间词汇；但这时的使用还不具有稳定性；从第 27 个月开始，两个儿童开始稳定地使用空间词汇；到 60 个月(5 周岁)时，两个儿童都掌握了 11 个常用的英语空间词语。从这些数据可大致窥探出英语母语儿童的语言能力和空间能力的发展脉络。

表 4-1　被调查的英语母语儿童使用空间词汇情况

第一个儿童			第二个儿童		
年龄(月.日)	掌握空间词汇的种类	使用空间词汇的次数	年龄(月.日)	掌握空间词汇的种类	使用空间词汇的次数
17.28	0	0	17.30	1	1
20.27	3	4	20.28	1	1
24.01	1	1	24.02	2	2
27.0	9	18	26.29	6	11
30.02	4	13	30.06	12	36

续表4-1

第一个儿童			第二个儿童		
年龄(月.日)	掌握空间词汇的种类	使用空间词汇的次数	年龄(月.日)	掌握空间词汇的种类	使用空间词汇的次数
33.03	5	19	32.28	10	21
36.02	7	14	36.04	7	15
39.0	6	25	38.30	10	27
42.06	11	15	42.05	6	19
56.0	11	32	60.03	11	31

具体来说,至 60 月龄时,两个英语母语儿童掌握了 8 个空间概念词语,分别为 in,on,at,to,up,down,off,out。这些可被看作英语中最基本的表示空间概念的词汇,它们的构词比较简单,语义也清晰明了。研究还发现,这 8 个词汇也是整个研究过程中孩子的父母使用最多的词汇。由此可以推论,输入频次和词汇的难易度是影响英语母语儿童习得空间词汇的重要因素。除这 8 个词语外,一个儿童分别使用 outside,into,onto 各一次,但这几个词仅在儿童模仿父母说话时出现,并且发音不是很清晰。

儿童习得语言是从模仿开始的,开始阶段只是模仿别人的语音,并不一定明白这种表达形式的真正意义。当他们稳定地使用某一词语或某种表达形式时,才真正掌握了这一词汇或这种表达形式。接下来的研究中,Sinha 等仔细观察儿童稳定使用空间词汇的情况。他们发现,两个英语母语儿童稳定使用并完全掌握英语空间概念词汇的顺序不同、时间也不相同,但呈现较为一致的发展趋势。按照先后顺序,第一个儿童稳定掌握的英语空间词汇分别为 in(27 月龄)=(表示“同时”,下同)on(27 月龄)= up(27 月龄)<(表示“先于”,下同)down(33 月龄)< to(39 月龄)< off(42 月龄)= out(42 月龄)= at(42 月龄);第二个儿童稳定掌握的英语空间词汇分别为 on(26 月龄)< in(30 月龄)= down(30 月龄) to =(30 月龄)< up(32 月龄)< out(42 月龄)= at(42 月龄)< off(50 月龄)。

此研究所得与人们的直观印象有些出入。人们通常认为,in,on,at 三个词汇是最常用的英语词汇,并且构词简单,儿童理应最先掌握。但观察所得却与此不同,in 和 on 确实是儿童最先掌握的空间词汇,at 却是 8 个词汇中最晚掌握的词语,两个儿童都是在 42 个月才正确而稳定地使用 at。其部分原因在于,at 一词虽然构词和语音简单,但语义和认知复杂(Clark,1973;Herskovits,1986),因此儿童完全掌握 at 要晚于 in 和 on。

第二节　汉语母语空间概念习得概述

国内也有学者关注儿童空间概念习得。贾红霞(2010)在 2007 年 2 月 13 日至 2008 年 8 月 13 日间,对一名女童进行了为期 18 个月(12 月龄至 30 月龄)的观察,具体观察时间为每周观察一次,每次 1 小时。她发现,在孩子 30 月龄时,其语言运用中已包含了 10 个汉语基本方位词,且这些方位词在语料中占的比例较大,共出现了 311 次。从使用频次看,“上”及其组成的复合词(简称“上”类,以下以此类推)出现次数最多,为 155 次;“下”

类和“里”类次之，分别出现62次和61次；“后”类11次；“前”类和“外”类均为8次；“中”类4次；“旁”类仅出现1次；“左右”共出现1次。

汉语的空间方位词通常与其他名词结合起来表示空间概念，如“瓶子里”“桌子上”等。因此，儿童只有将空间方位词与其他名词结合使用，才算真正掌握了空间词汇的用法。从掌握空间词汇用法的顺序看，“里”类最早，“左右”两字最晚；具体来说，“里”类 < “上”类 < “下”类 < “后”类 < “中”类 < “前”类 < “外”类 < “旁”类 < 左右。从语义及语用角度观察，在30月龄时，儿童能够准确使用“上、下、前、后、里、外、中”等词汇，而仅能机械模仿“旁、左右”两词。

“上”类词汇是汉语母语儿童习得较早的空间概念。所记录的18个月的语料中共出现81次“上”。其中以“地上”最多，共16次；其次为“床上”，共10次；其他用法在1至4次之间。儿童在16个月12天时首次使用“上”，不过是作为动词使用的（“上楼”）。19个月19天时使用“上”的空间义，如“地上”。21月龄前，大多使用“上”的空间接触义，偶尔使用少量的做趋向动词的用法，如“穿上”“戴上”等。至23个月7天时，出现“上”的附着义，如“嘴巴上”。23个月27天以后，“上”的用法逐渐丰富，出现非接触的空间义（上方），如“凳子上（方）”；还出现了与“下”对应的用法，如“我拿上面的，你拿下面的”，表明儿童此时能够从客体角度判断物体的相对位置。

综合分析“上”类词汇不同意义的习得，其发展顺序可概括为最先学会“平面附着义”，接下来为“非接触空间义”，最后是从客体角度判断的相对位置义。

“下”类词汇也是儿童较早使用的词汇。在15至19月龄期间开始使用“下”的动词义及趋向义，如“下楼”“放下”。19个月26天时出现“下”的空间义，主要是表示非接触的空间关系，如“床底下”。23个月28天时开始使用“下”的单纯方位义，如“楼底下”。此后“下”的用法不断丰富，如上例（“我拿上面的，你拿下面的”）所表示的从客体角度判断物体的位置，表示客体的本身属性（看到页面下部还有空白时说“下边也写一写”）等。

综合分析“下”类词汇意义的习得，其发展顺序与“上”类词义习得顺序较为一致，最先学会“非接触空间关系”，接下来为“单纯方位义”，最后是从客体角度判断的相对位置义。

“里”和“中”的习得要晚于“上”和“下”的习得。在所收集的语料中，几乎所有的“里”都表其基本义，即处于全封闭或三面封闭的容器内。25个月6天时首次使用“沙发里边”（实为沙发下面）。26个月28天使用“界限义”，如“门里边”；但此时的“界限义”需要有一个实体将空间分割开来。27个月15天以后使用的“界限义”更加宽泛，此时不再需要实体分割，儿童可以主观任意地分割空间，如“坐里边”“趴里边”等。“中”的习得要更晚一些。在收集的语料中，“中”只出现了“中间”一词，表示与两端等距离的位置或在两端的距离以内，而未出现表示某个范围以内的意义，更没有出现其他抽象意义。

其他方位词的习得中，“后”共出现11次，2例为单独使用“后”，9例以“后面、后边、后头”等合成词形式出现；23个月19天时首次使用。“前”共出现8次；1例为“向前”，其他7例为“前面”；25个月23天首次使用“前”。“外”在调查期间共出现8次，全部以“外面”的形式出现；26个月25天时首次使用，以屋子为参照点（“屋子外面”）；29月龄时开始使用不以实物为参照点的外面（“外面有蚊子”）。

第三节 英汉母语空间概念习得的异同及皮亚杰假说

在 *The Child's Conception of Space* 一书中，Piaget 和 Inhelder(1956)提出皮亚杰假说，他们认为，在认知能力发展的过程中，儿童最早掌握表示容器等拓扑空间关系(topological relation)，其次是表示线性关系的投射空间关系(projective relation)；如果从所表示的空间关系的参照点看习得顺序，最先是以自我(egocentric)为参照点，然后掌握离心(decentered)参照以及非自我(allocentric)参照。

对比英汉母语儿童掌握空间词汇的顺序，会发现二者表现出较大的一致性。英汉语中较早掌握的词汇都具有较为常用、结构简单、语义简单等特征；因此输入频次和词汇的难易度是影响儿童习得空间词汇的重要因素。另一方面，英汉母语儿童掌握空间词汇的规律与皮亚杰假说较为吻合。英汉母语儿童都是最先掌握表示拓扑空间的词汇(英语的 in 汉语的"里"类)；最后掌握表示线性关系的词汇(英语的 out，汉语的"旁"类)。实际上，英语的 out 和汉语的"旁"类并非典型的表示线性关系的词汇，"前、后、左、右"是更典型的表示线性关系的词汇。在本书观察的个案中，汉语母语儿童掌握"前后"类较晚，掌握"左右"更晚，且"左右"仅出现一次；英语母语儿童的语料中，60 月龄前并未出现表示"前、后、左、右"的词汇，如 in front of，back，left，right 等。Hickmann 和 Hendriks(2010)的研究发现，英语母语儿童到 60 月龄时才掌握了"旁"(near)和"前"(in front of)的概念，但仍旧没有"左、右、后"。

英汉语中表示空间概念的几乎都是多义词汇。汉语空间词汇习得的个案给出了不同义项的习得顺序。"上"类词的习得顺序为"平面附着义"，到"非接触空间义"，最后是从客体角度判断的相对位置义；"下"类词汇意义的习得顺序为"非接触空间关系""单纯方位义"，最后是从客体角度判断物体的相对位置义。汉语"上"类和"下"类空间词的习得与皮亚杰假说较为一致，都是最先以自我(egocentric)为参照点，从自我视角判断物体的相对位置关系；进而发展为以非自我(allocentric)为参照点，从客体角度判断物体的相对位置。

综上所述，英汉母语儿童空间词汇的习得表现出明显的相似性，都遵循了皮亚杰假说，也就是说，皮亚杰假说能够较为清晰地反映儿童空间认知能力的发展。但是英汉母语儿童的空间词汇习得又表现出一些差异性；甚至同为英语母语者的两位儿童也表现出很大的不同。其部分原因在于，儿童的空间词汇习得与其所处的环境有关，这些环境因素包括母语空间概念的难易程度以及母语空间概念的输入频次等。

第五章　英语作为外语的空间概念习得研究

上一章比较了英汉儿童习得母语中空间概念的特征和异同。通过比较不同人的研究，初步验证了皮亚杰假说。在母语空间概念习得过程中，英汉母语儿童都最先掌握表示拓扑空间的词汇（英语的 in，汉语的“里”类）；最后掌握表示线性关系的词汇（英语的 out，汉语的“旁”类）。这反映了不同民族人们认知能力发展的共性。那么这种共性是否一直伴随着我们？换句话说，在日后的外语习得过程中，空间概念的习得是否也遵循这样的规律？以下将以汉语母语学生习得英语空间概念时的特点为切入点，探讨外语空间概念习得的特点。

第一节　研究设计

本章是一项实证研究，在掌握第一手调查资料的基础上，分析汉语母语大学生习得英语空间介词的特点，揭示外语空间概念习得是否遵循皮亚杰假说。

一、研究方法

从方法论上来说，本书采用社会语言学田野调查方法，以汉语母语大学生为研究对象，结合学生的性别、专业、英语水平等因素选取合适的受试者，调查其英语空间概念习得的情况，分析影响空间概念习得的因素。

具体研究中，采用定性与定量相结合的方法。首先采集汉语母语大学生英语空间概念习得的基础数据；然后结合学生性别、专业、英语水平等变量，对数据进行定量分析，探讨影响英语空间概念习得的因素；最后，运用认知语言学理论解释定量分析的结果。

在操作层面上，本研究采用文献法（Literature）、测试法（Test）、访谈法（Interview）、问卷法（Questionaire）等获取语料；采用社会语言学变异分析法、认知分析法分析数据。

统计分析法主要用于整理调查获取的材料，分析采集的数据；社会语言学变异分析法是指结合学习者性别、专业、英语水平等变量，研究汉语母语大学生英语空间概念习得的特点，探讨英语空间概念习得的异质有序性；认知分析法是指结合汉语母语大学生英语空间概念习得情况，探讨母语空间范畴差异对英语空间概念习得的影响，为探讨不同语言空间范畴的共性和差异提供个案。

二、受试选择

本研究以社会语言学变异理论为指导，研究汉语母语大学生英语空间介词习得，探讨英语空间介词习得的异质有序性。因此，在选择受试者时，需要考虑学生个体因素（比如英语水平、专业、性别等）的差异。

研究汉语母语大学生英语空间概念的习得，受试者的母语必须是汉语。但现实情况是,汉语母语人多为双方言人,即同时掌握地方方言和普通话的人。在部分汉语方言中(如晋语方言区),空间词语的用法与普通话不完全相同。笼统研究汉语母语大学生英语空间概念的习得,很难分清哪些是受汉语方言影响的结果,哪些是受普通话影响的结果。

为避免汉语地方方言对本研究的影响,本研究选择以下两类学生为受试者:一是唐山方言和普通话双方言学生,二是普通话单方言学生。唐山方言虽有部分读音和词汇与普通话不同,但空间词语的用法与汉语普通话相同。选择这些学生可避免汉语地方方言对研究结果的影响。在具体操作中,唐山方言和普通话双方言学生是多数,共 153 人,占 96.8%;普通话单方言学生仅 5 人。

基于以上考虑,本研究在河北省唐山市选择一所普通本科院校(华北理工大学)做调查点,从这所学校的四个教学班中选取合适的男女学生(即唐山方言和普通话双方言学生或普通话单方言学生)作为受试者。包括英语专业三年级和一年级各一个教学班,非英语专业者一年级文理科各一个教学班。在四个教学班中,英语专业三年级学生学习英语时间最长,可看作高水平组;非英语专业一年级两个班的学生学习英语时间最短,可看作英语低水平组;英语专业一年级学生虽然与非英语专业一年级学生同时入学,但入学后的一年时间中接受的英语教育要远多于非英语专业学生,可看作中级水平组。这样抽取研究对象,方便研究大学阶段介词水平的发展①。另外,本研究抽取非英语专业文理各一个班,便于比较专业对空间介词习得的影响。

三、测试卷的编制

采集学生习得空间介词的数据,设计一份较高质量的测试卷是本研究的重要任务之一。

1. 确定介词义项

每个英语介词都有一定的词汇语义。如何向受试者传达介词表示的语义是编制测试卷时面临的第一个问题。前人研究多采用图画释义(马书红,2005,2007;李佳、蔡金亭,2008)或汉语释义(魏晓敏,2004)的方式,向受试者传达介词表示的语义,但二者都有一些局限性。前者只适用于解释介词的空间意义,无法表示其隐喻义;后者的汉语提示有误导受试用汉语思维之嫌。考虑以上两点,本研究采用增加语境的方式限制语义。例如,测试 below"紧邻某事物的下方或程度低一级"的语义时,先交代"我在六年级,他在五年级",然后由受试者填写他的年级和我的年级的关系(低一年级)。根据这一做法,选用"I am in grade 6 and he is in grade 5. He is in the class ____ me"为测试题。另外,某些情况下,很难找到合适语境限制语义。考虑到这一点,测试要求受试者填出所有适合的词语。

英语介词大多为多义词,除中心义项外还有多个边缘义项。有时,一个介词的边缘义

① 本研究没有抽取非英语专业二年级学生做研究受试,主要基于以下考虑:第一,在不进行大规模英语水平测试的情况下,很难判断非英语专业二年级学生与英语专业一年级学生学习英语时间的长短及英语水平的高低。本研究抽取非英语专业一年级、英语专业一年级及三年级学生为受试,可大致满足研究英语空间介词习得发展的需要。

项与另一个词的中心义项或边缘义项重合。汉语母语者习得英语空间介词中心义项与边缘义项的差异是本研究关注的一个重点。因此，编制测试卷时，应尽可能兼顾介词的中心义项与边缘义项。

2. 设计预调查问卷

设计测试卷时，以 Tyler & Evans (2003) 的语义网络理论为指导，以《牛津高阶英汉双解词典（第 8 版）》(*Oxford Advanced Learner's English-Chinese Dictionary*) (Hornby, 2014) 为依据，确定研究介词的所有语义。首先选出《牛津高阶英汉双解词典（第 8 版）》中相关介词的全部例句及词组，补充必要信息，使其成为具有必要语境的完整句子。再从 Tyler 和 Evans (2003) 编写的《英语介词语义》(*The Semantics of English Prepositions*) 中补充例句，使选出的句子包含所研究介词的所有语义。最后抽出句子中的介词，用空格"________"代替，形成一份由近 200 题组成的预调查试卷。

3. 预调查

为检验 Tyler & Evans (2003) 的语义网络与英语母语人的实际用法是否一致，试卷编制完成后，在英语母语人中做预调查①。预调查采用一对一访谈的方式进行，即调查员和受试者每人一份试卷，调查员读出题目，受试者给出答案，调查员记录其答案。如果试者认为试题有错误或命题不严密，当场指出并帮助改正；如果调查员有疑问或发现其他有价值的信息，当场访谈。为检验测试题是否严密、能否准确测试汉语母语大学生英语空间介词习得情况，在部分大学生中②以随堂考试的方式进行预调查。

4. 编制正式调查问卷

预调查结果显示，对于测试卷中大部分空间介词，英语母语者的用法与字典中的用法较一致③；另有部分用法受试者较为陌生，甚至没见过。在编制正式测试卷时，删除英语母语者用法不一致的和感到陌生的试题。

预调查还发现，中国学生习得英语空间介词固定搭配的情况好于临时搭配，因此，是否为固定搭配也是本研究关注的一个重点。编制正式测试卷时，若介词的某些义项下有固定搭配，试卷中尽量同时设置固定搭配和临时搭配的试题。例如，测试介词 on"根据

---

① 本研究共测试了 6 位英语母语人，他们分别是 Joy（女，澳大利亚人，中央民族大学外籍教师），Sean（男，加拿大人，中央民族大学留学生），Paul（男，美国人，中央民族大学留学生），Nike（男，美国人，中央民族大学留学生），文家伟（男，爱尔兰人，在爱尔兰出生长大，母语为英语，中央民族大学留学生），Stella（女，美国人，公司职员）。

② 本研究在中央民族大学抽取了 30 名学生进行试调查。

③ 调查中遇到一个很有趣的现象。有时，受试者给出的答案与字典中的用法不一致。当调查员询问是否可以用字典中的那个介词时，几乎所有受试者都会说"你的答案更好（Your answer is better）"。深入访谈发现，英语介词用法存在地域方言及社会方言的差异。字典给出的用法是多数人接受的、较正式的、标准的用法，也是中国学生应该学习的用法。

义”的习得时,试卷既设置了测试这一义项固定搭配用法的64题,也设置了测试其临时搭配用法的23题和99题。

以预调查的结果为基础,设计本研究的测试题。测试题力求简洁(尽量减少题目数量)、内容丰富(包含所研究介词的所有常用语义及固定搭配)。为此,介词的每个义项下只设置一两道题,最终保留由99题(100个空)组成的测试题。选出测试题后,添加有关受试者基本信息的问题,形成最终测试卷(见附录一)。

四、数据采集及分析

测试卷编制完成后,本研究选取英语专业高年级和低年级各一个教学班以及非英语专业两个教学班(文理各一个班级)的学生作为受试者,调查汉语母语大学生英语空间介词习得情况。本研究的测试采取闭卷考试方式,考试时间为60分钟。研究者和任课教师担任监考,负责组织考试、发放试卷、回收试卷。在英语专业班级共发放58份问卷,回收有效问卷52份,回收率89.7%。其中,英语专业高年级有效问卷26份(男生6份,女生20份),低年级26份(男生8份,女生18份)。在非英语专业班级共发放123份问卷,回收有效问卷106份,回收率86.2%。其中,文科班级有效问卷56份(男生17份,女生39份),理科班级50份(男生28份,女生22份)。

试卷回收后,统计不同学生空间介词习得情况以及空间介词习得与学生性别、专业、年级的关系。就空间介词习得相关问题,采用问卷调查和访谈的方式,调查教师和有代表性的学生。结合数据统计结果及问卷调查和访谈结果,分析外语空间概念习得的特点,以及影响英语空间介词习得的因素,验证二语或外语空间概念习得是否遵循皮亚杰假说。同时,本研究还有另外一个目标,希望提出教学建议,帮助非母语者更好地习得二语或外语中的空间概念。

第二节　in的习得研究

空间概念词语in为介词,可表示原型场景、位置、分割为部分、时间、进入等义,此外还有一些习语用法。在本测试卷中,共24道题测试介词in的用法。统计显示,在所研究的介词中,in的习得情况最好。在这24道题中,平均每题有91.7人次填写in,占58.0%①。各年级习得情况有差异,英语专业三年级习得情况最好,平均每题18.8人次填写in,占72.1%。英语专业一年级和非英语专业一年级②填写in的比例相近,前者每题15.5人次(59.6%),后者57.4人次(54.2%)。

① 依据Tyler & Evans(2003)的语义网络,试卷中共24道题测试in的用法。文中数据就是根据这24道题中填写in的人次统计出来的。访谈英语母语者发现,in同样可做40题和49题的答案。这两题的习得情况在有关章节讨论,此处不赘述。若包括这两题,共26道题测试in的用法,平均每题有87.7人次(55.5%)填写in。其中,非英语专业一年级每题55.2人次(52.0%),英语专业一年级14.7人次(56.7%),英语专业三年级17.8人次(68.6%)。

② 本研究选取了非英语专业一年级文理各一个教学班,统计发现,两班学生介词习得不存在显著差异(具体见第三章)。分析介词偏误时,将文理两班学生合并,统称为非英语专业一年级。下同。

一、原型场景的习得

如前所述，介词 in 的原型场景表示射体全部或部分位于界标内，并受到界标的一定作用（如受到空间限制或阻断同界标外的联系等）。in 的界标可以是有形的，也可以是无形的，甚至可以是人们想象出来的。本试卷共有六道题测试介词 in 的原型用法，具体如下：

15. He is famous ________ the country.

48. She likes smoking very much. When I saw her, usually there was a cigarette ________ her mouth.

59. The girl ________ white is my girlfriend.

82. They like swimming ________ the pool.

84. This is the highest mountain ________ the world.

95. What have you got ________ your hand?

以上题目中，82 题和 95 题表示射体的整体位于界标内；48 题和 59 题表示射体的一部分位于界标内；15 题和 84 题的界标并非实物，而是人脑中的抽象概念。受试者习得介词 in 原型意义的情况如表 5-1①。

表 5-1　介词 in 原型意义习得

			15 题	48 题	59 题	82 题	84 题	95 题	均值
非英语专业一年级（N=106）		人数②	57	79	69	95	89	49	73
		比例（%）	53.8	74.5	65.1	89.6	84.0	46.2	68.9
英语专业	一年级（N=26）	人数	10	19	21	23	18	17	18
		比例（%）	38.5	73.1	80.8	88.5	69.2	65.4	69.3
	三年级（N=26）	人数	22	22	24	26	26	18	23
		比例（%）	84.6	84.6	92.3	100	100	69.2	88.5
合计（N=158）		人数	89	120	114	144	133	84	114
		比例（%）	56.3	75.9	72.2	91.1	84.2	53.2	72.2

数据显示，受试者习得介词 in 原型意义的情况较好，填写 in 的比例达 72.2%。总体来看，英语专业三年级（88.5%）好于英语专业一年级（69.3%）和非英语专业（68.9%）一年级；英语专业一年级和非英语专业一年级的习得情况差异不大。具体如下：

82 题和 95 题表示射体的整体位于界标内。

82 题正确率最高，共 144 人次填写 in，占 91.1%。其中，非英语专业一年级 95 人次

---

① 有些英语介词间的差异并不是十分明显，有时本书研究的多个介词都可能成为问卷中某些题目的答案。对于这些题目，本研究只在第一次出现时分析学生习得情况，在分析另一个介词时不赘述。比如 in 和 over 都是 15 题的正确答案。本研究只在分析 in 的习得时分析学生习得情况（包括填写 in 和 over 的人数及比例），分析 over 习得时不赘述。

② 人数为填写 in 的人数，下同。有些题目中，in 并非唯一正确的答案，因此，此处的人数不等于答案正确的人数。

(89.6%)填写 in;另有 7 人次填写 on。英语专业一年级 23 人次(88.5%),三年级 26 人次(100%)填写 in;另有三人次填写了 on。

95 题的最佳答案为 in,但 on 也可以接受。共 84 人次填写 in,占 53.2%。非英语专业一年级 49 人次(46.2%)填写 in,19 人次填写 on。英语专业一年级 17 人次(65.4%),三年级 18 人次(69.2%)填写 in;两个年级各有 5 人次填写 on。如果把 in 和 on 都看作正确答案,此题 113 人次答案正确,占 70.6%。此题受试者的其他答案主要包括 with,by,from,at,等等。

由以上看出,受试者对介词 in 表示射体全部位于界标内这一语义掌握最好。

48 题和 59 题表示射体的一部分位于界标内。

48 题共有 120 人次填写 in,占 75.9%。其中,非英语专业一年级 79 人次(74.5%)填写 in;另有 16 人次填写 on。英语专业一年级 19 人次(73.1%),三年级 22 人次(84.6%)填写 in;其他答案包括 on 和 beside(在旁边)。受试者的错误答案主要是 on 和 beside,这可能受到了汉语"嘴上(嘴边)叼着一支烟"这种表达的影响。由汉语的"嘴上"联想到 on,由嘴边联想到 beside。

59 题共有 114 人次填写 in,占 72.2%。其中,非英语专业一年级 69 人次(65.1%)填写 in;另有 11 人次填写 on,10 人次填写 with。英语专业一年级 21 人次(80.8%),三年级 24 人次(92.3%)填写 in;其他答案为 on(5 人次)和 with(4 人次)。

15 题和 84 题的界标为抽象概念。介词 in 的此类用法多为固定短语,如 15 题的 in the country 和 84 题的 in the world。需要指出的是,in 仅表示射体位于界标内,不强调位于界标内的哪个具体位置。当强调射体遍布整个界标内时,英语母语者更愿意使用 over。in 和 over 都可作为 15 题和 84 题的答案。

84 题中,133 人次填写 in,占 84.2%。其中,非英语专业一年级 89 人次(84.0%)填写 in;另有 7 人次填写 on,4 人次填写 of,4 人次填写 over。英语专业一年级 18 人次(69.2%)填写 in,6 人次填写 over,还有部分受试者填写 on;三年级 26 人次(100%)全部填写 in。

15 题共 89 人次填写 in,占 56.3%。其中,非英语专业一年级有 57 人次(53.8%)填写 in;另有 23 人次填写 for,6 人次填写 on,4 人次填写 over。英语专业一年级 10 人次(38.5%),三年级 22 人次(84.6%)填写 in;另外,英语专业每年级各有 2 人次填写 over,共 4 人次填写 for,4 人次填写 at。此题非英语专业受试错误率最高的答案为 for,这可能受了汉语"为祖国而骄傲"中"为"的影响。

二、位置义的习得

如前所述,介词 in 的位置义包括处于某种状态义、从事某种活动或工作义、使用某种工具义三小类。本试卷共设置 6 道题测试 in 位置义的用法,具体如下:

3. ________ attempting to save a child from drowning, she nearly lost her own life.

5. Can I pay it ________ cash?

14. He is ________ the army.

55. Speak ________ English, please!

62. The old man is ________ poor health.

96. When she heard the news, Mary was ________ a rage.

以上试题中,62 题和 96 题中的 in 表示处于某种状态义;3 题和 14 题的 in 表示从事某种活动或工作义;5 题和 55 题的 in 表示使用某种工具义。受试者习得介词 in 位置义的情况见表 5-2。

表 5-2　介词 in 位置义习得

			3 题	5 题	14 题	55 题	62 题	96 题	均值
非英语专业一年级(N=106)		人数	16	43	76	79	85	43	57
		比例(%)	15.1	40.6	71.7	74.5	80.2	40.6	53.8
英语专业	一年级(N=26)	人数	7	14	21	23	22	13	16.7
		比例(%)	26.9	53.8	80.8	88.5	84.6	50	64.1
	三年级(N=26)	人数	8	22	20	22	26	24	20.3
		比例(%)	30.8	84.6	76.9	84.6	100	92.3	78.2
合计(N=158)		人数	31	79	117	124	133	80	94
		比例(%)	19.6	50	74.1	78.5	84.2	50.6	59.5

数据显示,受试者习得 in 位置义的平均正确率为 59.5%,低于原型意义习得时的正确率(72.2%)。不同层次受试者习得此义的差异较为明显:非英语专业一年级的正确率最低,仅为 53.8%;英语专业三年级正确率最高,为 78.2%;英语专业一年级居中,正确率为 64.1%。

62 题和 96 题中的介词 in 都表示处于某种状态。

62 题正确率较高,共 133 人次填写介词 in,占 84.2%。其中,非英语专业一年级 85 人次(80.2%),英语专业一年级 22 人次(84.6%)、三年级 26 人次(100%)填写 in。其他答案包括 of,on,with。

与 62 题相比,96 题正确率较低,尤其是非英语专业一年级。此题共 80 人次填写 in,占 50.6%。其中,非英语专业一年级 43 人次(40.6%)填写 in;另有 19 人次填写 on,16 人次填写 at。英语专业一年级 13 人次(50%)、三年级 24 人次(92.3%)填写 in。其他答案包括 on,at,with,over。

3 题和 14 题的 in 都表示从事某种活动或工作义。

在介词 in 位置义的习得中,3 题正确率最低,仅 31 人次填写 in,占 19.6%。其中,非英语专业一年级共 16 人次(15.1%)填写 in;另有 21 人次填写 on,17 人次填写 for。英语专业一年级 7 人次(26.9%)、三年级 8 人次(30.8%)填写 in;另外,每年级各 7 人次填写 beneath 和 on,共 5 人次填写 for、4 人次填写 after,还有部分同学没有给出答案。

14 题的 in the army 常以短语形式出现,可能由于这个原因,此题受试的正确率高于 3 题,共 117 人次填写 in,占 74.1%。其中,非英语专业一年级共 76 人次(71.7%)填写 in;另有 17 人次填写 on。英语专业一年级有 21 人次(80.8%)、三年级有 20 人次(76.9%)填写 in;另有 8 人次填写 on,4 人次填写 at。

从以上分析可看出,受试者掌握介词 in 从事某种活动或工作义的情况不理想,常用

on 或其他词代替 in。

5 题和 55 题的 in 都表示使用某种工具义。

5 题共有 79 人次填写 in,占 50%。其中,非英语专业一年级共 43 人次(40.6%)填写 in;另有 21 人次填写 on,13 人次填写 for,12 人次填写 with。英语专业一年级 14 人次(53.8%)、三年级 22 人次(84.6%)填写 in;其他答案包括 on(10 人次),by(3 人次),with(3 人次),over,for 等①。介词 by,with 和 in 相似,都可表示使用某种工具。由以上分析可看出,部分受试者不能分清 by,with 和 in 这三个介词的差异,出现混用现象。

55 题有 124 人次填写 in,占 78.5%。此题三个层次的受试者正确率差异较小。非英语专业一年级共 79 人次(74.5%)填写 in;另有 9 人次认为此处不需要填写介词,5 人次填写 with。英语专业一年级 23 人次(88.5%)、三年级 22 人次(84.6%)填写 in;有 5 人次认为不需要填写介词,2 人次填写 with。此题受试者的主要错误是认为此处不需要填写介词,这可能受到了汉语的影响(汉语中常说"讲英语""讲汉语"等,"讲"和语言间不需要加介词)。

三、分割为部分义的习得

介词 in 可表示分割为部分义,并可进一步隐喻为形成某种形状义和阻挡义。测试卷共有 4 道题测试分割为部分义的习得,具体如下:

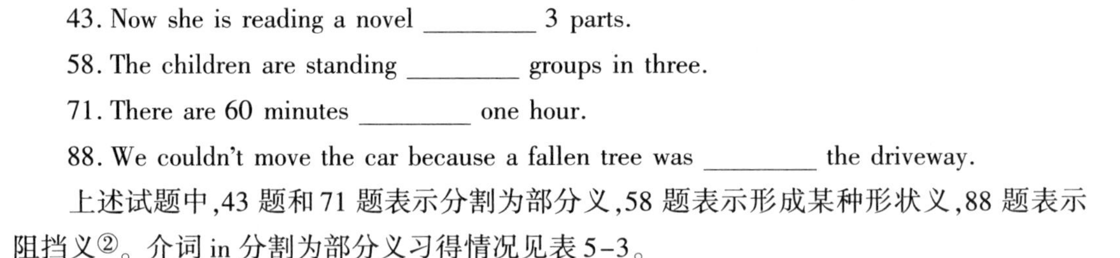

43. Now she is reading a novel ________ 3 parts.

58. The children are standing ________ groups in three.

71. There are 60 minutes ________ one hour.

88. We couldn't move the car because a fallen tree was ________ the driveway.

上述试题中,43 题和 71 题表示分割为部分义,58 题表示形成某种形状义,88 题表示阻挡义②。介词 in 分割为部分义习得情况见表 5-3。

表 5-3 介词 in 分割为部分义习得

			43 题	58 题	71 题	88 题	均值
非英语专业一年级(N=106)		人数	25	64	62	23	43.5
		比例(%)	23.6	60.3	58.5	21.7	41.0
英语专业	一年级(N=26)	人数	6	23	17	6	13
		比例(%)	23.1	88.5	65.4	23.1	50.0
	三年级(N=26)	人数	11	26	22	9	17
		比例(%)	42.3	100	84.6	34.6	65.4
合计(N=158)		人数	42	113	101	38	73.5
		比例(%)	26.6	71.5	63.9	24.1	46.5

数据显示,介词 in 分割为部分义的习得情况不理想,每题平均仅 73.5 人次填写 in,占

① 两人认为 on 和 with 都是此题的正确答案。

② 根据 Tyler & Evans(2003)的语义网络,in 是 88 题唯一正确的答案。英语母语者认为,88 题的答案并非唯一,across,on,in 都可做其答案。

46.5%。不同层次的受试者中,英语专业三年级平均每题填写 in 的比例最高,为65.4%;英语专业一年级次之,为 50.0%;非英语专业一年级比例最低,为 41.0%。

43 题和 71 题为分割为部分义的原始意义。

71 题习得较好,共 101 人次填写介词 in,占 63.9%。其中,非英语专业一年级共 62 人次(58.5%)填写 in;18 人次没有给出答案;其他答案比较分散,包括 of,for,on,above 等。英语专业一年级 17 人次(65.4%)、三年级 22 人次(84.6%)填写介词 in;其他答案比较分散,包括 of,with,for,over,at 等。

43 题习得情况不如 71 题,共 42 人次(26.6%)填写介词 in。其中,非英语专业一年级共 25 人次(23.6%)填写 in;受试者给出的其他答案较为分散,主要包括 at(11 人次),for(10 人次),of(10 人次),with(9 人次),on(9 人次),over(8 人次)。英语专业一年级 6 人次(23.1%)、三年级 11 人次(42.3%)填写介词 in;不当答案主要为 of(17 人次)和 with(8 人次)。

从以上分析可发现,不管英语专业还是非英语专业,都有较多受试者在 43 题和 71 题中填写 of 和 with。英语中,of 可用来表示整体和部分关系,with 可表示伴随关系。部分受试者知道句子需要填写表分割义的介词,但不清楚 in 具有此用法,从而填写了具有相近意义的 of 或 with。

58 题表示形成某种形状义。此题正确率较高,共 113 人次填写 in,占 71.5%。其中,非英语专业一年级共 64 人次(60.3%)填写 in;另有 18 人次填写 on,7 人次填写 by。英语专业一年级 23 人次(88.5%)、三年级 26 人次(100%)填写 in;其他答案主要为 by,with 和 on。

88 题表示阻挡义。访谈英语母语者得知,此题答案不唯一,across,in,on 都是此题可接受的答案。共 38 人次填写 in,占受试者总人数的 24.1%。其中,非英语专业一年级 23 人次(21.7%)填写 in;另有 24 人次填写 on,9 人次填写 across,20 人次填写 of,12 人次没有给出答案。英语专业一年级 6 人次(23.1%),三年级 9 人次(34.6%)填写介词 in;另外,一年级有 7 人次填写 on,2 人次填写 across,2 人次填写 over,6 人次没有给出答案;三年级有 9 人次填写 on,5 人次填写 across,1 人次填写 over,2 人次没有给出答案。

四、可接触范围义的习得

如前所述,介词 in 表示处于可接触范围内的意义时,通常与表示感官的动词连用。试卷只设置了一道题(28. I have him ________ sight.)测试 in 表示处于可接触范围内的习得。① 统计结果显示,158 名受试者中,有 36 人次填写 in,占 22.8%。非英语专业一年级共 22 人次填写 in,占 20.8%;36 人次填写 within,占 34.0%。英语专业一年级有 5 人次填写 in,占 19.2%;12 人次填写 within,占 46.2%。三年级 9 人次填写 in,占 34.6%;11 人次填写 within,占 42.3%。此题受试的错误答案较集中,主要为 at 或没有给出答案。

此题填写 within 的受试者多于填写 in 的受试。within 的原型场景为处在可接触的范围内。可见,受试者更愿意使用原型场景表达某一概念(处于可接触范围内的意义)。

---

① 根据 Tyler & Evans(2003)的语义网络,介词 in 是 28 题唯一的答案。访谈发现,within 也可接受。

五、表示时间义的习得

如前一章所述，介词 in 表示时间时，既可表示在界标范围内的任一时刻，又可用来强调处于界标所表示时间的最后时刻。试卷共有 3 道题测试 in 表示时间的习得，具体如下：

29. I learnt to drive ________ three weeks.

41. Mr. John was born ________ March.

67. The war broke out ________ spring.

上述题目中，29 题表示在界标(three weeks，三周)的最后时刻，41 题和 67 题表示处在界标(March，三月；spring，春天)的任一时刻，不具体指某一点。介词 in 表时间义习得情况见表 5-4。

表 5-4　介词 in 表时间义的习得

			29 题	41 题	67 题	均值
非英语专业一年级(N=106)		人数	47	72	96	71.7
		比例(%)	44.3	67.9	90.6	67.6
英语专业	一年级(N=26)	人数	17	15	25	19
		比例(%)	65.4	57.7	96.2	73.1
	三年级(N=26)	人数	14	26	26	22
		比例(%)	53.8	100	100	84.6
合计(N=158)		人数	78	113	147	112.7
		比例(%)	49.4	71.5	93.0	71.3

数据显示，受试者习得介词 in 表时间义的正确率较高，平均每题有 112.7 人次填写 in，占所有调查对象的 71.3%。总体来说，英语专业三年级每题平均填写 in 的比例最高，达 84.6%。非英语专业一年级和英语专业一年级差异不大，分别有 67.6% 和 73.1% 的受试者填写 in。

29 题介词 in 表示处于某时间的最后时刻。共 78 人次填写 in，占 49.4%。其中，非英语专业一年级 47 人次填写 in，占 44.3%；其他答案主要包括 for(18 人次)和 over(5 人次)。英语专业一年级 17 人次(65.4%)、三年级 14 人次(占 53.8%)填写 in；另有部分受试者填写 over 或 under。英语中，介词 for 常与表示一段时间概念的词语连用。受其影响，部分非英语专业受试者此题填写了 for。另有部分受试者填写了 over 或 under，可能要表达多于三周或不足三周的意思。如果要表达多于三周或不足三周这两种概念，正确答案应为 in over 或 in under，即 in 与介词 over 或 under 连用。汉语的多个介词是不能连用的。可能受汉语的影响，部分受试者只填写了 over 或 under，这些以三年级受试者为主。

41 题和 67 题的介词 in 都表示处于界标内具体某时间点。这两题正确率较高。41 题有 113 人次填写 in，占 71.5%；67 题有 147 人次填写 in，占 93.0%。英语专业三年级受试者这两题的正确率都达到了 100%。41 题中，英语专业一年级有 15 人次(57.7%)填写 in，非英语专业一年级 72 人次(67.9%)填写 in。67 题中，非英语专业一年级 25 人次(96.2%)填写 in；英语专业一年级 96 人次(90.6%)填写 in。这两题英语专业和非英语专业一年级受试者的错误答案较一致，主要集中于 at 和 on。

从以上三道题的分析可看出，表示时间时，受试者主要选择 in，on，at 三个介词。一年级部分受试者不能明确区分三者的区别，三年级受试者能较准确区分 in 和 on，at 表示时间用法的差异。另外，要正确使用英语介词，除了要弄清其语义外，还应清楚英汉句法差异。英语多个介词可联合使用，汉语却不能。部分受试者不清楚这一点，造成介词用法错误。

六、进入义的习得

与汉语进入义对应的英语介词包括 in 和 into。由于介词 into 的原型意义为进入义，因此，通常情况下，英语多用 into，只偶尔使用介词 in 表示进入义。测试卷设置两题测试介词 in 进入义的用法（38 题和 86 题）。受试者习得此义的情况见表 5-5。

38. Mary threw the paper ________ the fire.

86. Tom got ________ the car and drove away quickly.

表 5-5　介词 in 进入义的习得

			38 题		86 题		均值	
			in	into	in	into	in	into
非英语专业一年级（N=106）		人数	33	34	31	21	32	27.5
		比例（%）	31.1	32.1	29.2	19.8	30.2	25.9
英语专业	一年级（N=26）	人数	8	11	14	8	11	9.5
		比例（%）	30.8	42.3	53.8	30.8	42.3	36.5
	三年级（N=26）	人数	13	8	2	4	7.5	6
		比例（%）	50	30.8	7.7	15.4	28.8	23.1
合计（N=158）		人数	54	53	47	33	50.5	43
		比例（%）	34.2	33.5	29.7	20.9	32.0	27.2

数据显示，平均每题有 50.5 人次填写 in，占 32.0%；43 人次填写 into，占 27.2%。也就是说，受试者掌握介词 in 进入义的用法稍好于英语中的原型用法 into。

38 题中，54 人次填写 in，占 34.2%；53 人次填写 into，占 33.5%。其中非英语专业一年级 33 人次（31.1%）填写 in，34 人次（32.1%）填写 into；其他答案主要包括 to（21 人次）和 on（14 人次）。英语专业一年级 8 人次（30.8%）填写 in、11 人次（占 42.3%）填写 into，三年级 13 人次（50%）填写 in、8 人次（30.8%）填写 into；和非英语专业一样，英语专业受试者的其他答案主要是 to 和 on。

86 题中，47 人次填写 in，占 29.7%；33 人次填写 into，占 20.9%。其中非英语专业一年级 31 人次（29.2%）填写 in，21 人次（19.8%）填写 into；其他答案主要包括 on（19 人次）和 to（7 人次）。英语专业一年级 14 人次（53.8%）填写 in、8 人次（30.8%）填写 into，三年级 2 人次（7.7%）填写 in、4 人次（15.4%）填写 into；另有 11 人次填写 on（其中，一年级 1 人次，三年级 10 人次），9 人次答案空缺，少数人还填写了 to 和 up 等。

38 题和 86 题都考察介词 in 表进入义的用法，但两题正确率差异较大，86 题中有许多受试者填写 on，可能受英语搭配 get on 的影响。英语中，get on 表示（乘客）上车或上船，此处表达（驾驶员）进入汽车，与 get on 的意思不同。部分受试者可能没有弄清句子的确切含义，见到 get 与车船等连用，直接想到了固定搭配 get on，因此此题填写了 on。

七、相关习语的习得

试卷中，34 题测试短语 in that（因为）的用法，44 题测试短语 in order to（为了）的用法。

34. It is thought that privatization is to be beneficial ________ that it promotes competition.

44. ________ order to get there on time, they decided to go there by plane.

受试者对这两个短语的掌握情况见表 5-6。

表 5-6　in 相关习语的习得

			34 题	44 题	均值
非英语专业一年级 (N=106)		人数	19	104	62.5
		比例(%)	17.9	98.1	59.0
英语专业	一年级 (N=26)	人数	2	26	14
		比例(%)	7.8	100	53.8
	三年级 (N=26)	人数	6	26	16
		比例(%)	23.1	100	61.5
合计(N=158)		人数	27	156	92.5
		比例(%)	17.1	98.7	58.5

数据显示,受试者习得介词 in 两个短语的情况差异较大。44 题测试短语 in order to 的用法,此用法受试者习得较早,也较为常用。除两名非英语专业受试者外,其他受试者都掌握了这种用法。34 题测试短语 in that 的用法。受试者对此用法掌握不理想。共有 27 人次填写了 in,占 17.1%。其中非英语专业一年级有 19 人次填写 in,占 17.9%;受试者给出的其他答案主要包括 from(23 人次)和 for(11 人次)。英语专业一年级 2 人次(7.8%),三年级 6 人次(23.1%)填写介词 in;其他答案主要为 for 和 with。介词 for 和 with 都可表示原因,但不和 that 连用。由此推论,部分受试者知道此处应填表原因的词语,但不清楚习语 in that 表原因这一用法,因而填写了 for 或 with。

第三节　on 的习得研究

介词 on 可以表示原型场景、支撑义、附着义、边缘接触、时间义、处于某事物或状态中、程度加深等①。在本研究的测试卷中,共有 26 题(26 空)测试介词 on 的用法。统计显示②,在所研究的 6 个介词中,受试者习得 on 的情况较好。在需要填写 on 的题目中,平均每题有 77 人次(48.7%)填写 on。其中,英语专业三年级平均每题 15.3 人次(58.7%),英语专业一年级平均每题 12.4 人次(47.5%),非英语专业一年级平均每题 49.4 人次

① 在介词语义网络一章中曾介绍介词 on 可表示程度加深。访谈中发现,六位英语母语者中有五位不清楚这一用法。由此可见,这一用法在现代英语中不常用。因此,本研究的测试卷没有包含这一用法。

② 根据 Tyler & Evans(2003)的语义网络,试卷中共 26 道题测试 on 的用法。数据就是根据这 26 题统计的结果。访谈英语母语者发现,on 同样可以做 2 题、20 题、50 题、88 题、91 题和 95 题的答案。这些题目的习得情况在有关章节讨论,此处不赘述。若将这些题目包括在内,共 32 道题测试 on 的用法。在 32 题中,平均每题 74.4 人次填写 on,占 47.1%。其中,非英语专业一年级平均每题 47.7 人次(45.0%),英语专业一年级 12.2 人次(46.7%),英语专业三年级 14.5 人次(55.9%)填写 on。

(46.6%)填写 on。三类学生差异不大。

一、原型场景的习得

介词 on 核心原型场景表示射体位于界标之上,界标支撑射体。在核心原型场景以外,还有两种用法:第一,射体与界标侧面接触;第二,界标是一个想象出来的、没有边界或边界不清的事物。测试卷共设置 4 道题测试介词 on 原型场景的习得,具体如下:

22. He spread a cloth ________ the table.

56. The book ________ the table is his.

75. There is a picture ________ the wall.

83. They travelled ________ the continent.

上述各题中,22 题和 56 题测试 on 的核心原型场景用法,75 题测试 on 表示射体与界标侧面接触的用法,83 题测试介词 on 的界标是边界不清事物的用法。介词 on 原型场景习得情况见表 5-7。

表 5-7　介词 on 原型意义的习得

<table>
<tr><th colspan="3"></th><th>22 题</th><th>56 题</th><th>75 题</th><th>83 题</th><th>均值</th></tr>
<tr><td colspan="2" rowspan="2">非英语专业一年级
(N=106)</td><td>人数</td><td>81</td><td>99</td><td>100</td><td>20</td><td>75</td></tr>
<tr><td>比例(%)</td><td>76.4</td><td>93.4</td><td>94.3</td><td>18.9</td><td>70.8</td></tr>
<tr><td rowspan="4">英语专业</td><td rowspan="2">一年级
(N=26)</td><td>人数</td><td>20</td><td>24</td><td>24</td><td>3</td><td>17.8</td></tr>
<tr><td>比例(%)</td><td>76.9</td><td>92.3</td><td>92.3</td><td>11.5</td><td>65.3</td></tr>
<tr><td rowspan="2">三年级
(N=26)</td><td>人数</td><td>26</td><td>26</td><td>22</td><td>10</td><td>21</td></tr>
<tr><td>比例(%)</td><td>100</td><td>100</td><td>84.6</td><td>38.5</td><td>80.8</td></tr>
<tr><td colspan="2" rowspan="2">合计(N=158)</td><td>人数</td><td>127</td><td>149</td><td>146</td><td>33</td><td>113.8</td></tr>
<tr><td>比例(%)</td><td>80.4</td><td>94.3</td><td>92.4</td><td>20.9</td><td>72.0</td></tr>
</table>

数据显示,平均每题有 113.8 人次填写 on,占 72.0%。其中英语专业三年级正确率最高,平均每题 21 人次(80.8%)填写 on。英语专业一年级和非英语专业一年级差异不大,分别有 17.8 人次(65.3%)和 75 人次(70.8%)填写 on。

上述题目中,表示 on 核心原型场景的 56 题正确率最高,共 149 人次填写 on,占 94.3%。其中,非英语专业一年级 99 人次填写 in,占 93.4%;其他答案主要包括 over(2 人次)和 with(2 人次)。英语专业一年级 24 人次(92.3%)填写 on,另外两人填写了 in 和 above;三年级 26 人次(100%)全部填写 on。

22 题中介词 on 同样表示原型场景。此题答案不唯一,on 和 over 都是其可接受的答案,并且英语母语者更倾向选择 over。共 127 人次填写 on,占 80.4%。其中非英语专业一年级 81 人次填写 on,占 76.4%;其他答案主要包括 over(9 人次)和 at(5 人次)。英语专业一年级 20 人次(76.9%)填写 on,另有 4 人次填写 over,2 人次填写 above;三年级 26 人次(100%)全部填写 on。

75 题中的 on 表示射体与界标侧面接触。共 146 人次填写 on，占 92.4%。① 其中非英语专业一年级 100 人次填写 on，占 94.3%；其他答案主要为 in(4 人次)。英语专业一年级 24 人次(92.3%)、三年级 22 人次(84.6%)填写 on；其他答案主要包括 in 和 of。

83 题的界标为大陆(the continent)，是一个边界不清、人脑想象中的事物。此题答案不唯一，on，around，over 都是其正确答案。统计结果显示，仅 33 人次填写 on，占 20.9%。其中非英语专业一年级 20 人次填写 on，占 18.9%；其他答案主要为 in(37 人次)和 over(18 人次)。英语专业一年级 3 人次(11.5%)、三年级 10 人次(占 38.5%)填写 on；另有 11 人次填写 across，9 人次填写 in，6 人次填写 around，6 人次填写 through。

二、支撑义的习得

介词 on 表示射体位于界标之上，射体受到界标的支撑。介词 on 与 over 和 above 的主要区别在于射体是否受到界标的支撑。由此可见，支撑义是介词 on 的主要义项，支撑义又隐喻出依靠义和根据义。本测试卷共 9 道题测试受试者掌握 on 支撑义的情况，具体如下：

11. He didn't like speaking ________ the telephone with her.

23. He was arrested ________ the charge of theft.

39. Most cars run ________ petrol.

46. She is leaning ________ the wall.

51. She was standing ________ one foot.

63. The old man lived ________ a pension.

64. The story is based ________ fact.

76. There is a ring ________ his finger.

99. ________ your advice I applied for the job.

上述各题中，46 题、51 题、76 题测试介词 on 支撑义本义用法；11 题、39 题、63 题测试依靠义的用法；23 题、64 题、99 题测试根据义的用法。介词 on 支撑义及其隐喻义习得情况分别见表 5-8、表 5-9、表 5-10。

表 5-8 介词 on 支撑义原义的习得

			46 题	51 题	76 题	均值
非英语专业一年级 (N=106)		人数	65	65	56	62
		比例(%)	61.3	61.3	52.8	58.5
英语专业	一年级 (N=26)	人数	11	16	14	13.7
		比例(%)	42.3	61.5	53.8	52.5
	三年级 (N=26)	人数	6	22	16	14.7
		比例(%)	23.1	84.6	61.5	56.4
合计(N=158)		人数	82	103	86	90.3
		比例(%)	51.9	65.2	54.4	57.2

① 非英语专业的一人同时填写了 in 和 on。

表 5-9　介词 on 依靠义的习得

			11 题	39 题	63 题	均值
非英语专业一年级（N=106）		人数	42	9	10	20.3
		比例（%）	39.6	8.5	9.4	19.2
英语专业	一年级（N=26）	人数	14	9	4	9
		比例（%）	53.8	34.6	15.4	34.6
	三年级（N=26）	人数	12	8	18	12.7
		比例（%）	46.2	30.8	69.2	48.7
合计（N=158）		人数	68	26	32	42
		比例（%）	43.0	16.5	20.2	26.6

表 5-10　介词 on 根据义的习得

			23 题	64 题	99 题	均值
非英语专业一年级（N=106）		人数	16	90	29	45
		比例（%）	15.1	84.9	27.4	42.5
英语专业	一年级（N=26）	人数	3	24	5	10.7
		比例（%）	11.5	92.3	19.2	41
	三年级（N=26）	人数	4	26	6	12
		比例（%）	15.4	100	23.1	46.2
合计（N=158）		人数	23	140	40	67.7
		比例（%）	14.6	88.6	25.3	42.8

数据显示，受试者对介词 on 支撑义原义及其隐喻义的习得较差，平均每题仅 66.7 人次填写 on，占 42.2%。其中，非英语专业一年级平均每题 42.4 人次填写 on，占 40.0%。英语专业一年级平均每题 11.1 人次（42.7%）、三年级平均 13.1 人次（50.4%）填写 on。总体来看，英语专业三年级习得情况稍好于其他受试者。9 道题填写 on 的比例各不相同，最低 14.6%，最高 88.6%，差异较大。

46 题、51 题、76 题测试介词 on 支撑义原义的用法。相比依靠义和根据义，此义习得情况较好，平均每题有 90.3 人次填写 on，占 57.2%。

51 题共有 103 人次填写 on，占 65.2%。其中，非英语专业一年级 65 人次填写 on，占 61.3%；其他答案主要是 with（19 人次）和 by（12 人次）。英语专业一年级 16 人次（61.5%）、三年级 22 人次（84.6%）填写 on；其他答案主要是 with（10 人次）和 by（3 人次）。介词 with 和 by 都可表示使用某种工具，汉语通常都译为"用"。受试者可能受汉语表达（用一只脚站着）的影响，填写了这两词。

76 题共有 86 人次填写 on，占 54.4%。其中，非英语专业一年级 56 人次填写 on，占 52.8%；其他答案主要是 in（39 人次）和 around（5 人次）。英语专业一年级 14 人次（53.8%）、三年级 16 人次（61.5%）填写 on；其他答案主要包括 around（11 人次）和 in（9 人次）。由受试者 76 题中给出的答案可推知，部分受试者不了解介词 on 环状包围的用法，从汉语语义考虑，填写了与汉语"环绕"对应的英语词 around（环状的，包围的）。

46 题正确答案为 on 和 against。共 82 人次填写 on，占 51.9%。其中非英语专业一年级 65 人次填写 on，占 61.3%；其他答案较分散，包括 in（6 人次），against（5 人次），to（5 人次）和 from（4 人次）。英语专业一年级 11 人次（42.3%）、三年级 6 人次（23.1%）填写

on;其他答案主要是 against(15 人次)和 over(7 人次),其中填写 against 的主要为三年级学生。此题部分受试者填写了 over,这可能受了汉语常用表达“靠在墙上”中“上”的影响,将汉语的“上”译成了对应的英语 over。

11 题、39 题、63 题测试依靠义的用法。此三题受试者填写 on 的比例较低,平均每题仅 42 人次填写 on,占 26.6%。

11 题可接受的答案是 on 和 over,共 68 人次填写 on,占 43.0%。其中非英语专业一年级 42 人次填写 on,占 39.6%①;其他答案较分散,包括 in(17 人次),to(11 人次),over(8 人次)和 through(7 人次)。英语专业一年级 14 人次(53.8%)、三年级 12 人次(46.2%)填写 on;其他答案主要是 in(9 人次),through(8 人次)和 over(6 人次)。部分受试者此题填写了 in,可能受了 in 表示工具义的影响;还有部分受试者填写介词 through(通过)可能受汉语“通过电话与某人聊天”中“通过”的影响。

63 题共有 32 人次填写 on,占 20.2%。其中非英语专业一年级 10 人次填写 on,占 9.4%;其他答案主要包括 in(66 人次)和 with(17 人次)。英语专业一年级 4 人次(15.4%)、三年级 18 人次(69.2%)填写 on;其他答案主要是 in(22 人次)和 with(6 人次)。

39 题共 26 人次填写 on,占 16.5%。其中非英语专业一年级 9 人次填写 on,占 8.5%;其他答案主要包括 with(25 人次)和 in(15 人次)。英语专业一年级 9 人次(34.6%)、三年级 8 人次(30.8%)填写 on;其他答案主要是 in(7 人次)、out of(6 人次)和 with(5 人次)。

以上三题中,每题都有受试者填写 in。英语介词 in 可表示使用某种工具,与介词 on 的依靠义类似。由此推知,部分受试者没有搞清楚 in 和 on 的区别,造成错误的语内迁移。另外,11 题有部分受试者填写 through,63 题有部分受试者填写 with,39 题有部分受试者填写 out of 和 with。这些答案表面看似杂乱无章,但如果将所填介词译成相应的汉语,句子的汉语意义就会很清晰。由此推知,部分受试者受汉语负迁移的影响,填写了错误答案。从以上分析可以看出,介词 on 依靠义的习得既受英语语内迁移的影响,又受英汉语语际迁移的影响。

23 题、64 题、99 题测试介词 on 根据义的用法,平均每题 67.7 人次填写 on,占 42.8%。此三题习得情况内部差异很大。64 题的 base on 为 on 的固定短语用法,此题正确率很高,其他两道题中的 on 不是固定短语,正确率非常低。

64 题共有 140 人次填写 on,占 88.6%。其中非英语专业一年级 90 人次填写 on,占 84.9%;其他答案主要是 in(24 人次)。英语专业一年级 24 人次(92.3%)、三年级 26 人次(100)填写 on。

99 题共有 40 人次填写 on,占 25.3%。其中非英语专业一年级 29 人次填写 on,占 27.4%;其他答案主要包括 with(17 人次),for(11 人次)和 in(9 人次)。英语专业一年级 5 人次(19.2%)、三年级 6 人次(23.1%)填写 on;其他答案主要是 with(12 人次)和 in(8 人次)。

英语母语者认为,on,for,over 都是 23 题的正确答案。23 题共 23 人次填写 on,占

① 1 人次同时填写了 on 和 over。

14.6%。其中非英语专业一年级16人次填写on,占15.1%;其他答案主要包括in(32人次),for(16人次),by(12人次)和to(17人次)。英语专业一年级3人次(11.5%)、三年级4人次(15.4%)填写on;其他答案主要是in(21人次),by(6人次)和for(6人次)。

由23题和99题可以看出,大部分受试者没有掌握介词on根据义的用法。

三、附着义的习得

介词on附着义表示射体附着在界标上,不强调射体与界标的空间位置,也不强调射体是否受界标的支撑。介词on在附着义基础上,又隐喻出组织内的成员义和携带义。测试卷共设置4道题测试on的附着义及其隐喻义,具体如下:

9. Have you got any money ________ you?

47. She is sticking a stamp ________ an envelope.

73. There are some dirty marks ________ the ceiling.

97. Which side are you ________?

上述四道题中,47题和73题测试附着义的用法;97题测试组织内成员义的用法;9题测试携带义的用法。介词on附着义及其隐喻义习得情况见表5-11。

表5-11　介词on附着义的习得

			9题	47题	73题	97题	均值
非英语专业一年级(N=106)		人数	24	46	66	27	40.8
		比例(%)	22.6	43.4	62.2	25.5	38.4
英语专业	一年级(N=26)	人数	7	14	15	7	10.8
		比例(%)	26.9	53.8	57.7	26.9	41.3
	三年级(N=26)	人数	10	17	25	8	15
		比例(%)	38.5	65.4	96.2	30.8	57.7
合计(N=158)		人数	41	77	106	42	66.6
		比例(%)	25.9	48.7	67.1	26.6	42.1

数据显示,以上4道题中,每题平均66.6人次填写介词on,占42.1%。其中非英语专业一年级填写on的比例最低,每题有40.8人次(38.4%)填写on。英语专业三年级填写on的比例最高,每题平均15人次(57.7%)填写on。英语专业一年级居中,平均每题10.8人次(41.3%)填写on。总体来看,测试附着义原义的题目(47题和73题)填写on的人次远远高于其隐喻义(9题和97题)的人次。

47题和73题测试介词on附着义原义的用法。这两题共183人次填写on,高于其他两题(83人次)。

73题共106人次填写on,占67.1%。其中非英语专业一年级66人次填写on,占62.2%;其他答案主要包括in(26人次)和above(6人次)。英语专业一年级15人次(57.7%)、三年级25人次(96.2%)填写on;另有10人次填写in。

47题共77人次填写on,占48.7%。其中非英语专业一年级46人次填写on,占43.4%;其他答案主要包括in(14人次),to(13人次)和with(11人次)。英语专业一年级

14 人次(53.8%)、三年级 17 人次(65.4%)填写 on;另有 14 人次填写 to。国内各种英语考试多考察词语搭配的用法。部分受试者见到填空题后,不看句子的意思,直接根据空格前后词语的常用搭配填写答案。此题不当答案中 to 的比例较高,可能受试者受到固定搭配 stick to(坚持)的影响。

9 题测试介词 on 携带义的习得,共 41 人次填写 on,占 25.9%。其中非英语专业一年级 24 人次填写 on,占 22.6%;其他答案主要包括 with(37 人次),for(17 人次)和 from(7 人次)。英语专业一年级 7 人次(26.9%)、三年级 10 人次(38.5%)填写 on;其他答案包括 with(10 人次)、for(8 人次)、from(4 人次)等。此题英语专业和非英语专业受试者给出的不当答案中,with 占的比例最高。介词 with 通常表示伴随义。可能受试者明白此题表达的语义,但部分受试者不清楚介词 on 可表示携带义,因而用语义相近的介词 with 代替。

97 题测试介词 on 表示组织内的成员的用法,共 42 人次填写 on,占 26.6%。其中非英语专业一年级 27 人次填写 on,占 25.5%;其他答案主要包括 in(59 人次)和 above(6 人次)。英语专业一年级 7 人次(26.9%)、三年级 8 人次(30.8%)填写 on;不当答案中,30 人次填写 in。此题受试者给出的不当答案较集中(in),这可能受了对应的汉语表达(某组织内)的影响。

四、边缘接触义的习得

介词 on 具有边缘接触义,表示射体和界标紧临在一起,或部分重叠,隐喻为表示目标或方向,或隐喻为视觉、思维等的接触。测试卷共 5 道题测试介词 on 边缘接触义及其隐喻义的习得,具体如下:

1. A thief pulled a knife ________ him.

6. Dalian is a town ________ the coast.

8. Do you have something ________ your mind?

60. ________ the left you can see the palace.

61. The location of his house is so noisy, because it is ________ the main road.

上述题目中,6 题和 61 题测试边缘接触义的习得。1 题、8 题、60 题测试表示目标或方向的习得。1 题和 60 题的射体和界标都是具体事物,其中 60 题的 on the left 是固定短语。8 题的射体和界标为抽象事物。介词 on 边缘接触义及其隐喻义的习得情况见表 5-12。

表 5-12 介词 on 边缘接触义的习得

			1 题	6 题	8 题	60 题	61 题	均值
非英语专业一年级 (N=106)		人数	21	39	12	72	50	38.8
		比例(%)	19.8	36.8	11.3	67.9	47.2	36.6
英语专业	一年级 (N=26)	人数	4	6	4	12	12	7.6
		比例(%)	15.4	23.1	15.4	46.2	46.2	29.2
	三年级 (N=26)	人数	0	12	5	22	12	10.2
		比例(%)	0	46.2	19.2	84.6	46.2	39.2

续表5-12

		1 题	6 题	8 题	60 题	61 题	均值
合计(N=158)	人数	25	57	21	106	74	56.6
	比例(%)	15.8	36.1	13.3	67.1	46.8	35.8

数据显示,受试者习得介词 on 边缘接触义及其隐喻义的情况不理想,平均每题 56.6 人次填写 on,占 35.8%。其中英语专业三年级填写 on 的比例最高,为 10.2 人次,占 39.2%;非英语专业一年级填写 on 的比例与英语专业三年级相近,平均每题 38.8 人次填写 on,占 36.6%;此题英语专业一年级填写 on 的比例最低,平均每题仅 7.6 人次填写 on,占 29.2%。

6 题和 61 题测试边缘接触义的习得,on 和 near(在旁边)都可作为两题的答案。

61 题共 74 人次填写 on,占 46.8%①。其中非英语专业一年级 50 人次填写 on,占 47.2%;另有 8 人次填写 near;不当答案主要包括 15 人次填写 beside,11 人次填写 in。英语专业一年级和三年级各 12 人次填写 on,占 46.2%;另有 8 人次填写 near;不当答案主要是 in(7 人)。

6 题最佳答案为 on,但 near 也可接受。二者的区别在于,near 所表示的射体与界标的距离通常要比 on 表示的距离近。此题共有 57 人次填写 on,占 36.1%。其中非英语专业一年级 39 人次填写 on,占 36.8%;另有 13 人次填写 near;不当答案主要是 over(14 人次)和 in(9 人次)。英语专业一年级 6 人次(23.1%)、三年级 12 人次(46.2%)填写 on;另有 7 人次填写 near;其他答案中,10 人次填写 along(沿着)。部分英语专业受试者填写 along,可能受汉语沿海城市中“沿”的影响。由以上分析看出,部分受试者不了解介词 on 的边缘接触义,其中一部分更倾向填写 near,另有一部分受试者根据汉语意思选择英语介词 beside 或 along。

1 题、8 题、60 题测试目标或方向义的习得。

60 题的 on the left 是固定短语,此题正确率较高,106 人次填写 on,占 67.1%。其中非英语专业一年级 72 人次填写 on,占 67.9%;不当答案主要是 in(10 人次)和 to(5 人次)。英语专业一年级 12 人次(46.2%)、三年级 22 人次(84.6%)填写 on;比例较高的不当答案中,8 人次填写 in,5 人次填写 turn。

8 题正确率较低,仅 21 人次填写 on,占 13.3%。其中非英语专业一年级 12 人次(11.3%),英语专业一年级 4 人次(15.4%)、三年级 5 人次(占 19.2%)②填写 on;此题不当答案较集中,共有 131 人次填写 in。

1 题正确率也很低,仅 25 人次填写 on,占 15.8%。三个层次的受试者中,此题非英语专业一年级的正确率较高,有 21 人次填写 on,占 19.8%;不当答案较分散,主要包括 in(24 人次),to(15 人次),with(9 人次)和 into(6 人次)。英语专业一年级 4 人次(15.4%)填写 on,三年级没有人填写 on;不当答案中,20 人次填写 in,13 人次填写 to。此题研究结

① 非英语专业一年级学生中,两人认为 on 和 near 都是此题的正确答案。

② 三年级填写 on 的 5 人中,1 人认为 in 和 on 都是正确答案,双填了 in 和 on。

果与其他题目的结果不同,非英语专业的正确率高于英语专业。测试后访谈时,部分非英语专业受试者说,上学期的课堂上,老师曾讲解过此用法。这也许是此题非英语专业正确率较高的原因。

由以上看出,除60题的固定短语外,其他题目介词on的填写率很低。可见,大部分受试者没有掌握介词on边缘接触义的隐喻义。

五、表示时间的习得

介词on表示时间时,与其连用的词(也就是表示界标的词)可以是表示时间的名词,也可以是隐含时间的一个动词。试卷中共2道题测试介词on表时间的用法。其中93题介词on与名词连用,42题on与隐含时间的动作连用。介词on时间义习得的情况见表5-13。

42. ________ my arrival home, I saw my son was watching TV.

93. We will have an cxam ________ Sunday.

表5-13 介词on表时间用法的习得

<table>
<tr><th colspan="3"></th><th>42题</th><th>93题</th><th>均值</th></tr>
<tr><td colspan="2" rowspan="2">非英语专业一年级
(N=106)</td><td>人数</td><td>64</td><td>88</td><td>76</td></tr>
<tr><td>比例(%)</td><td>60.3</td><td>83.0</td><td>71.7</td></tr>
<tr><td rowspan="4">英语专业</td><td rowspan="2">一年级
(N=26)</td><td>人数</td><td>16</td><td>23</td><td>19.5</td></tr>
<tr><td>比例(%)</td><td>61.5</td><td>88.5</td><td>75</td></tr>
<tr><td rowspan="2">三年级
(N=26)</td><td>人数</td><td>26</td><td>26</td><td>26</td></tr>
<tr><td>比例(%)</td><td>100</td><td>100</td><td>100</td></tr>
<tr><td colspan="2" rowspan="2">合计(N=158)</td><td>人数</td><td>106</td><td>137</td><td>121.5</td></tr>
<tr><td>比例(%)</td><td>67.1</td><td>86.7</td><td>76.9</td></tr>
</table>

数据显示,受试者介词on表示时间的用法掌握较好,平均每题121.5人次填写on,占76.9%。其中英语专业三年级26人两题全都填写on,占100%。英语专业一年级平均每题19.5人次填写on,占75%。非英语专业一年级平均每题76人次填写on,占71.7%。由于英语专业三年级全部填写on,以下只分析非英语专业一年级和英语专业一年级的习得情况。

93题中,非英语专业一年级共88人次填写on,占83.0%;不当答案主要是in(12人次)。英语专业一年级共23人次填写on,占88.5%;其他答案包括in(2人次)和at(1人次)。

42题正确答案为on和upon。非英语专业一年级共64人次填写on,占60.3%;不当答案主要包括at(13人次),in(6人次)和with(5人次)。英语专业一年级16人次填写on,占61.5%;其他答案主要包括as(4人次)和upon(2人次)。

由以上分析可知,受试者掌握介词on表示时间的用法较好,尤其是英语专业三年级学生。其他年级受试者的主要错误在于介词on,in,at的混用。

六、表示处于某事物或状态中的习得

测试卷共 2 道题测试介词 on 表示处于某事物或状态的用法。其中 13 题的 on business 和 24 题的 go on an errand 都为固定短语用法,但前者比后者更常用。

13. He is away ________ business now.

24. He will go ________ an errand tomorrow.

介词 on 表示时间义的习得情况见表 5-14。

表 5-14 介词 on 表处于事物或状态中的习得

			13 题	24 题	均值
非英语专业一年级(N=106)		人数	81	16	48.5
		比例(%)	76.4	15.1	45.8
英语专业	一年级(N=26)	人数	21	7	14
		比例(%)	80.8	26.9	53.8
	三年级(N=26)	人数	18	12	15
		比例(%)	69.2	46.2	57.7
合计(N=158)		人数	120	35	77.5
		比例(%)	75.9	22.2	49.1

数据显示,介词 on 表处于某事物或状态义的两题中,平均每题 77.5 人次填写 on,占 49.1%。英语专业三年级情况较好,平均每题 15 人次填写 on,占 57.7%。非英语专业一年级情况较差,平均每题 48.5 人次填写 on,占 45.8%。英语专业一年级情况居中,平均每题 14 人次填写 on,占 53.8%。

13 题共 120 人次填写 on,占 75.9%。其中非英语专业一年级共 81 人次填写 on,占 76.4%;不当答案主要是 in(20 人次)。英语专业一年级 21 人次(80.8%)、三年级 18 人次(69.2%)填写 on;其余 13 人全部填写 in。此题中的 on business 是较为常用的固定短语,三个层次受试者的正确率差异不大,错误类型也很一致,主要是用 in 代替 on。

造成受试者用 in 代替 on 的原因是多方面的。如前所述,on 的处于某事物或状态之中的用法很难用其原型场景来解释,而与 in 的原型场景类似。受此影响,没有掌握 on business 这一短语的部分受试者此题填写了 in。

24 题中的 go on an errand 是固定短语,但不如 on business 常用。共 35 人次填写 on,占 22.2%。不同层次受试者的正确率差异较大。其中非英语专业一年级共 16 人次填写 on,占 15.1%;不当答案主要包括 to(38 人次),for(12 人次),over(9 人次)和 with(6 人次)。英语专业一年级 7 人次(26.9%)、三年级 12 人次(46.2%)填写 on;不当答案主要包括 to(12 人次)和 for(5 人次)。此题不当答案中,to 占的比例最大。英语中有一常用短语 go to somewhere(去某处)。可能受到这一短语的影响,部分受试者在 24 题中填写了 to。

第四节　over 的习得研究

介词 over 除表示原型场景外，还有在另一边义、高于并超过义、表时间义、覆盖或遮盖义、集中注意力于某物义、关于义、多于义、控制义、优先义及部分相关习语用法①。本研究测试卷中共 21 道题测试介词 over 的习得。统计显示，在所研究的六个介词中，受试者习得 over 的情况最不理想。在需要填写 over 的题目中，平均每题仅 27.7 人次填写 over，占 17.5%。英语专业三年级习得情况稍好于其他年级，平均每题 9.8 人次填写 over，占 37.7%。英语专业一年级和非英语专业一年级填写 over 的比例相差不大，前者平均每题 5 人次(19.2%)，后者 12.9 人次(12.1%)填写 over②。

一、原型场景义的习得

介词 over 的原型场景表示射体高于界标，并且二者有接触的潜势。若仅表达射体高于界标，不强调二者是否有接触的潜势，介词 over 和 above 差异不明显，可互换使用。测试卷共设 2 道题(78 题和 81 题)测试介词 over 原型场景的习得，具体如下：

78. There was a lamp hanging ________ the table.

81. They held a large umbrella ________ her.

介词 over 原型场景的习得情况见表 5-15。

表 5-15　介词 over 原型场景义的习得

			78 题	81 题	均值
非英语专业一年级 (N=106)		人数	7	2	4.5
		比例(%)	6.6	1.9	4.2
英语专业	一年级 (N=26)	人数	6	5	5.5
		比例(%)	23.1	19.2	21.2
	三年级 (N=26)	人数	9	9	9
		比例(%)	34.6	34.6	34.6
合计(N=158)		人数	22	16	19
		比例(%)	13.9	10.1	12.0

数据显示，受试者习得 over 原型场景不理想，每题平均仅 19 人次填写 over，占 12.0%。英语专业三年级稍好于其他年级，平均每题有 9 人次填写 over，占 34.6%。非英语专业一年级情况最不理想，平均每题仅 4.5 人次填写 over，占 4.2%。英语专业一年级居中，平均每题 5.5 人次(21.2%)填写 over。总体来看，78 题和 81 题的习得情况差异

① 英语空间介词语义分析一章谈到，介词 over 具有 over and above 的习语用法。访谈英语母语者发现，此用法不常用，因此，测试卷中没包括介词 over 的习语用法。

② 根据 Tyler & Evans(2003)的语义网络，试卷中共 21 道题测试 over 的用法。以上数据就是根据这 21 道题统计的。访谈英语母语者发现，over 同样可以做 11 题、15 题、22 题、23 题、84 题和 92 题的答案。这些题目的习得在有关章节讨论，此处不赘述。若将这些题目包括在内，共 27 道题测试 over 的用法。统计发现，这 27 题中，平均每题 24 人次填写 over，占 15.2%。其中，非英语专业一年级平均每题 11.4 人次(10.7%)，英语专业一年级 4.6 人次(17.7%)，英语专业三年级 8 人次(30.8%)填写 over。另外，测试卷的 87 题有两空，前一空测试 over 的用法，后一空测试 under 的用法。此处只分析前一空。

不大。

介词 over 和 above 都可做 78 题和 81 题的答案。①

78 题共 22 人次填写 over,占 13.9%。其中非英语专业一年级共 7 人次填写 over,占 6.6%;4 人次填写 above;不当答案主要包括 on(79 人次)和 in(7 人次)。英语专业一年级 6 人次(23.1%)、三年级 9 人次(34.6%)填写 over;共有 4 人次填写 above;另有 25 人次填写 on。由此题可看出,部分受试者对介词 over 很不熟悉。在寻找与汉语"上"对应的英语词时,仅仅能够想到 on。

81 题共 16 人次填写 over,占 10.1%。其中非英语专业一年级共 2 人次填写 over,占 1.9%;5 人次填写 above;不当答案主要包括 with(35 人次),on(23 人次),for(13 人次)和 in(12 人次)。英语专业一年级 5 人次(19.2%)、三年级 9 人次(34.6%)填写 over;共 5 人次填写 above;不当答案主要是 for(14 人次)和 with(10 人次)。介词 for 对应的汉语意思是"为",with 表示伴随。81 题填写 for 或 with 的受试者可能受汉语"为某人打伞"中"为"的影响。

二、在另一边义的习得

另一边义的图示为观察点和射体分别处于界标的两侧。从观察点看,射体位于界标的另一侧。试卷的 70 题测试此义的习得(70. The old town is not here. It lies ________ the bridge.)。访谈英语母语者得知,此题答案为 over 和 across。统计结果显示,共 26 人次填写 over,占 16.5%。其中非英语专业一年级 10 人次填写 over,占 9.4%;3 人次填写 across;23 人没有给出答案;不当答案主要包括 on(38 人次)和 beside(32 人次)。英语专业一年级 5 人次(19.2%)、三年级 11 人次(42.3%)填写 over;不当答案主要是 beside(16 人次)和 on(7 人次)②。

由以上分析看出,大部分受试者没有掌握介词 over 在另一边义的用法。

三、高于并超过义的习得

介词 over 具有高于并超过义。在此义下,界标被看成希望到达的点或目标,射体从界标上方通过。测试卷中共设 4 道题测试高于并超过义的习得,具体如下:

17. Now they are ________ the most difficult stage of the life and are happy every day.

36. Looking ________ the hedge, you can see the beautiful garden.

74. There is a bridge ________ the river.

79. They are climbing ________ a wall.

上述四道题中,74 题与原型场景用法接近,可看作原型场景向高于并超过义的过渡;36 题和 79 题表示射体高于并超过界标,其界标是实物;17 题是高于并超过义的隐喻用法,界标为抽象概念。over 高于并超过义的习得情况见表 5-16。

① 两道题最合适的答案是 over。年龄较长的两位英语母语者表示,她们可以接受别人使用 above,但她们自己只用 over。

② 2 人次同时填写 beside 和 on。1 人填写了 besides(除了),推测为 beside 的误填,统计时算作了 beside。

表 5-16 介词 over 高于并超过义的习得

			17 题	36 题	74 题	79 题	均值
非英语专业一年级（N=106）		人数	8	11	47	3	17.3
		比例(%)	7.5	10.4	44.3	2.8	16.3
英语专业	一年级（N=26）	人数	2	4	14	5	6.3
		比例(%)	7.7	15.4	53.8	19.2	24.0
	三年级（N=26）	人数	5	11	22	10	12
		比例(%)	19.2	42.3	84.6	38.5	46.2
合计（N=158）		人数	15	26	83	18	35.6
		比例(%)	9.5	16.5	52.5	11.4	22.5

数据显示，受试者习得介词 over 高于并超过义的情况不理想，平均每题仅 35.6 人次填写 over，占 22.5%。其中非英语专业一年级平均每题 17.3 人次填写 over，占 16.3%；英语专业一年级平均每题 6.3 人次（24.0%）、三年级平均每题 12 人次（46.2%）填写 over。英语专业三年级习得情况好于其他年级。虽都测试介词 over 高于并超过义的用法，四道题填写 over 的比例由 9.5% 到 52.5% 不等，差异较大。

74 题与原型场景用法接近，是原型场景向高于并超过义的过渡。此题正确率较高，共 83 人次填写 over，占 52.5%。其中非英语专业一年级共 47 人次填写 over，占 44.3%；不当答案主要包括 on（32 人次），above（14 人）和 across（6 人次）。英语专业一年级 14 人次（53.8%）、三年级 22 人次（84.6%）填写 over；其他答案主要包括 above（9 人次）和 on（7 人次）①。

36 题和 79 题中，介词 over 都表示射体高于并超过界标，两题的界标都为实物；79 题的射体也是实物，36 题的射体是抽象事物。

79 题共 18 人次填写 over，占 11.4%。其中非英语专业一年级共 3 人次填写 over，占 2.8%；不当答案主要包括 on（69 人次），up（6 人次）和 to（5 人次）。英语专业一年级 5 人次（19.2%）、三年级 10 人次（38.5%）填写 over；其他答案主要包括 on（27 人次）和 up（5 人次）。

36 题的正确答案是 over 和 through。此题共 26 人次填写 over，占 16.5%。其中非英语专业一年级共 11 人次填写 over，占 10.4%；10 人次填写 through；不当答案主要包括 at（50 人次）和 on（12 人次）。英语专业一年级 4 人次（15.4%）、三年级 11 人次（42.3%）填写 over；4 人次填写 through；其他答案主要包括 at（10 人次）和 across（5 人次）。36 题中部分受试者填写 at，可能受英语短语 look at 负迁移的影响。国内各种考试中，固定搭配是常考点。部分受试者见到此题空格前为 look 一词，不看句子的意思，直接填写 at。

17 题是高于并超过义的隐喻用法，其界标为抽象概念。此题正确答案为 over，cross，through。共有 15 人次填写 over，占 9.5%。其中非英语专业一年级 8 人次填写 over，占 7.5%；9 人次填写 through；5 人次填写 cross；不当答案主要包括 in（25 人次），on（21 人

① 2 人次同时填写 over 和 above。

次）和 at（14 人次）。英语专业一年级 2 人次（7.7%）、三年级 5 人次（19.2%）填写 over；9 人次 through；7 人次填写 across；不当答案主要包括 on（7 人次）和 in（6 人次）。由这道题的答案可看出，大部分受试者没有掌握介词 over 表示高于并超过隐喻义的用法。

四、表时间义的习得

介词 over 可表示时间，此用法强调从所表示的时间开始到其结束的整个过程。测试卷共 2 道题测试这种用法（89 题和 94 题）。

89. We had a pleasant chat ________ a cup of tea.

94. We will stay in Beijing ________ the New Year.

受试者习得此义的情况见表 5-17。

表 5-17　介词 over 表时间义的习得

			89 题	94 题	均值
非英语专业一年级（N=106）		人数	8	2	5
		比例（%）	7.5	1.9	4.7
英语专业	一年级（N=26）	人数	4	2	3
		比例（%）	15.4	7.7	11.5
	三年级（N=26）	人数	16	15	15.5
		比例（%）	61.5	57.7	59.6
合计（N=158）		人数	28	19	23.5
		比例（%）	17.7	12.0	14.9

数据显示，每题平均仅 23.5 人次填写 over，占 14.9%。其中非英语专业一年级平均每题 5 人次填写 over，占 4.7%；英语专业一年级平均每题 3 人次填写 over，占 11.5%；英语专业三年级每题 15.5 人次填写 over，占 59.6%。英语专业三年级好于其他年级。

89 题共 28 人次填写 over，占 17.7%。其中非英语专业一年级 8 人次填写 over，占 7.5%；不当答案主要包括 with（43 人次），in（25 人次）和 on（11 人次）。英语专业一年级 4 人次（15.4%）、三年级 16 人次（61.5%）填写 over；不当答案主要包括 with（19 人次）和 in（6 人次）。

94 题可接受的答案是 over 和 for。此题共 19 人次填写 over，占 12.0%。其中非英语专业一年级共 2 人次填写 over，占 1.9%；10 人次填写 for；不当答案主要包括 in（47 人次），on（14 人次），during（9 人次）和 at（7 人次）。英语专业一年级 2 人次（7.7%）、三年级 15 人次（57.7%）填写 over；不当答案主要包括 in（17 人次），on（12 人次）和 during（9 人次）。

由以上两题可看出，低年级学生对 over 表示时间的用法很不熟悉；到英语专业高年级，受试者才渐渐掌握这种用法。

五、覆盖或遮盖义的习得

介词 over 的覆盖或遮盖义表示界标位于最下方，观察点位于最上方，射体处于中间

(与界标接触或非接触),并且射体的面积大于界标。也就是说,从位于上方的观察点看,界标或界标的一部分被射体遮住。此义强调射体与界标的关系(覆盖、遮盖),因此,此处 over 不能用 above 代替。测试卷的 20 题和 50 题①测试此用法,具体如下:

20. He put his hand ________ her mouth to stop her screaming.

50. She put a rug ________ a sleeping child.

介词 over 覆盖或遮盖义的习得情况见表 5-18。

表 5-18 介词 over 覆盖或遮盖义的习得

			20 题		50 题		均值	
			over	on	over	on	over	on
非英语专业一年级(N=106)		人数	12	61	5	34	8.5	47.5
		比例(%)	11.3	57.5	4.7	32.1	8.0	44.8
英语专业	一年级(N=26)	人数	1	15	0	12	0.5	13.5
		比例(%)	3.8	57.7	0	46.2	1.9	51.9
	三年级(N=26)	人数	6	16	4	16	5	16
		比例(%)	23.1	61.5	15.4	61.5	19.2	61.5
合计(N=158)		人数	19	92	9	62	14	77
		比例(%)	12.0	58.2	5.7	39.2	8.9	48.7

数据显示,测试 over 覆盖或遮盖义的两题中,平均每题仅 14 人次填写 over,占8.9%。非英语专业一年级平均每题 8.5 人次填写 over,占 8.0%;英语专业一年级仅 1 人次在 20 题填写了 over;三年级平均每题 5 人次填写 over,占 19.2%。

两道题中填写 on 的比例较大,平均每题 77 人次填写 on,占 48.7%。其中非英语专业一年级平均每题 47.5 人次填写 on,占 44.8%;英语专业一年级每题平均 13.5 人次填写 on,占 51.9%;三年级平均每题 16 人次填写 on,占 61.5%。

20 题共 19 人次填写 over,占 12.0%。其中非英语专业一年级 12 人次填写 over,占 11.3%;英语专业一年级 1 人次(3.8%)、三年级 6 人次(23.1%)填写 over。共 92 人次填写 on,占 58.2%。其中非英语专业一年级 61 人次(57.5%),英语专业一年级 15 人次(57.7%)、三年级 16 人次(61.5%)填写 on。此题的不当答案主要是 in(35 人次)。

50 题共 9 人次填写 over,占 5.7%。其中非英语专业一年级 5 人次(4.7%),英语专业一年级 0 人次、三年级 4 人次(15.4%)填写 over。共 62 人次填写 on,占 39.2%。其中非英语专业一年级 34 人次(32.1%),英语专业一年级 12 人次(46.2%)、三年级 16 人次(61.5%)填写 on。不当答案主要是 to(20 人次),in(19 人次),with(7 人次)和 at(7 人次)。

由以上分析看出,受试者很不熟悉 over 覆盖或遮盖义的用法,他们更倾向于使用介词 on。另有部分受试者常常误用 in,above,at 等词。

① 按照 Tyler & Evans(2003)的观点,over 是 20 题和 50 题唯一正确的答案。英语母语者与 Tyler & Evans(2003)的观点不同,他们认为 over 和 on 都是 20 题和 50 题可接受的答案,但同时表示,在这两题中,用 over 比用 on 好些。

六、集中注意力于某物义的习得

介词 over 可表示集中注意力于某物，其图示为观察点和射体位置重合，射体（观察点）高于并接近界标。以这一意义为基础，over 由空间关系投射到情感、动作等领域，隐喻出关于义。测试卷中共 4 道题测试介词 over 集中注意力于某物义及其隐喻义的习得，具体如下：

2. In the end, they didn't get the result, because there was a disagreement ________ the best way to proceed.

53. She looked ________ the manuscript quite carefully.

80. They are having an argument ________ money.

91. The little boy cried ________ his broken toy.

上述题目中，53 题的介词 over 表示集中注意力于某物；80 题和 91 题的介词表示关于义，通常可以与英语 about 互换；2 题介于集中注意力于某物的本义与关于义之间，是本义向隐喻义的过渡。over 集中注意力于某物义的习得见表 5-19。

表 5-19 介词 over 集中注意力于某物义的习得

			2 题	53 题	80 题	91 题	均值
非英语专业一年级（N=106）		人数	2	5	4	3	3.5
		比例（%）	1.9	4.7	3.8	2.8	3.3
英语专业	一年级（N=26）	人数	1	4	2	2	2.3
		比例（%）	3.8	15.4	7.7	7.7	8.7
	三年级（N=26）	人数	5	10	9	3	6.8
		比例（%）	19.2	38.5	34.6	11.5	26.0
合计（N=158）		人数	8	19	15	8	12.5
		比例（%）	5.1	12.0	9.5	5.1	7.9

数据显示，平均每题有 12.5 人次填写 over，占 7.9%。其中非英语专业一年级平均每题 3.5 人次（3.3%），英语专业一年级平均每题 2.3 人次（8.7%）、三年级 6.8 人次（26.0%）填写 over。三年级稍好于其他年级。四道题中，每题填写 over 的比例由 5.1% 到12.0% 不等，差异较大。

53 题测试介词 over 集中注意力于某物的用法。此题最合适的答案应为 over，介词 at 也可以接受①。共 19 人填写 over②，占 12.0%。其中非英语专业一年级 5 人次（4.7%），英语专业一年级 4 人次（15.4%）、三年级 10 人次（38.5%）填写了 over；有 152 名学生填写 at。由此可见，受试者对 look at 这一短语非常熟悉，仅有部分受试者掌握 look over 的用法。

2 题可接受的答案为 over，about 和 on。共 8 人次填写 over，占 5.1%。其中非英语专

---

① look over 的汉语意思为“检查、仔细看”，look at 的汉语意思是“看”。52 题中有一修饰词 carefully（小心地、仔细地），因此，此题的最佳答案为 over。如果填写 at，从语法和语义角度看句子都是成立的，因此，at 也是可接受的。

② 填写了 over 的 19 人中，17 人同时填写了 at。

业一年级 2 人次填写 over,占 1.9%;46 人次填写 on①;3 人次填写 about;不当答案主要是 in(25 人次)和 with(14 人次)。英语专业一年级 1 人次(3.8%)填写 over,2 人次填写 about;三年级 5 人次(19.2%)填写 over;每年级各有 12 人次填写 on;不当答案主要是 in(16 人次)。

80 题可接受的答案为 over 和 about。共 15 人次填写 over,占 9.5%。其中非英语专业一年级共 4 人次填写 over,占 3.8%;20 人次填写 about②;不当答案主要包括 on(37 人次),with(21 人次)和 in(10 人次)。英语专业一年级 2 人次(7.7%)、三年级 9 人次(34.6%)填写 over;一年级 8 人次、三年级 6 人次填写 about;不当答案主要是 on(19 人次)。

91 题可接受的答案为 over,about 和 on③。共 8 人次填写 over,占 5.1%。其中非英语专业一年级 3 人次填写 over,占 2.8%;55 人次填写 on;17 人次填写 about;25 人次没有给出答案。英语专业一年级 2 人次(7.7%)、三年级 3 人次(11.5%)填写 over;每年级各有 4 人次填写 about;一年级有 17 人次、三年级有 14 人次填写 on。

七、多于义的习得

介词 over 的语义可由空间域隐喻到数量域,表示数量多于某给定数量(界标)。多数情况下,over 可以用 more than 替换。测试卷共设有 2 道题(57 题和 87 题④)测试介词 over 多于义的习得,见表 5-20。

57. The book was very popular. ________ 3 million copies were sold everyday.

87. Tom is 31 and Mary is 28 now. That is to say, Tom is ________ 30 and Mary is ________ 30.

表 5-20 介词 over 多于义的习得

			57 题	87 题	均值
非英语专业一年级(N=106)		人数	54	48	51
		比例(%)	50.9	45.3	48.1
英语专业	一年级(N=26)	人数	18	19	18.5
		比例(%)	69.2	73.1	71.2
	三年级(N=26)	人数	22	20	21
		比例(%)	84.6	76.9	80.8
合计(N=158)		人数	94	87	90.5
		比例(%)	59.5	55.1	57.3

数据显示,平均每题 90.5 人次填写 over,占 57.3%。其中英语专业习得情况较好,一年级平均每题 18.5 人次(71.2%)、三年级每题 21 人次(80.8%)填写 over,两个年级差

① 1 人次同时填写了 about 和 on。

② 2 人次同时填写了 about 和 on。

③ 访谈英语母语者时,一位受试者(男,23 岁,来自加拿大)认为 on 或 about 可做 91 题的答案。其他人能够接受 91 题填写 on 或 about,但本人很少这样用。他们认为 over 比其他答案好。

④ 87 题有两空,前一空测试介词 over 的用法,后一空测试 under 的用法,此处只分析前一空。

异不明显。非英语专业一年级习得这一用法的情况比英语专业受试者差，平均每题51人次填写over，占48.1%。

57题共94人次填写over，占59.5%①。其中非英语专业一年级54人次填写over，占50.9%；22人次没有给出答案；不当答案主要是about（14人次）和above（6人次）。英语专业一年级18人次（69.2%）、三年级22人次（84.6%）填写over；不当答案主要是about和above。

87题共87人次填写over，占55.1%。其中非英语专业一年级48人次填写over，占45.3%；13人次没有给出答案；不当答案主要包括above（24人次）和in（7人次）。英语专业一年级19人次（73.1%）、三年级20人次（76.9%）填写over；不当答案主要是above（5人次）和beyond（3人次）。

八、控制义的习得

测试卷中设置2道题（12题和21题）测试over控制义。其习得情况见表5-21。

12. He has little control ________ his emotions.

21. He ruled ________ a great empire.

表5-21 介词over控制义的习得

			12题	21题	均值
非英语专业一年级（N=106）		人数	8	3	5.5
		比例（%）	7.5	2.8	5.2
英语专业	一年级（N=26）	人数	3	1	2
		比例（%）	11.5	3.8	7.7
	三年级（N=26）	人数	4	2	3
		比例（%）	15.4	7.7	11.5
合计（N=158）		人数	15	6	10.5
		比例（%）	9.5	3.8	6.6

数据显示，受试者习得介词over控制义的情况不理想，平均每题仅10.5人次填写over，占6.6%。其中，非英语专业平均每题5.5人次填写over，占5.2%。英语专业一年级平均每题2人次（7.7%）、三年级每题3人次（11.5%）填写over。

12题共15人次填写over，占9.5%。其中非英语专业一年级8人次填写over，占7.5%；不当答案较分散，主要是on（31人次），with（15人次），in（15人次），of（13人次）和to（11人次）。英语专业一年级3人次（11.5%）、三年级4人次（15.4%）填写over；不当答案主要是on（26人次）和of（10人次）。

21题仅有6人次填写over，占3.8%。其中非英语专业一年级3人次填写over，占2.8%；21人次没有给出答案；不当答案主要是in（26人次），on（22人次），with（7人次），to（6人次），by（5人次），of（5人次）和above（6人次）。英语专业一年级1人次（3.8%）、

① 8人次同时填写了over和about。

三年级 2 人次(7.7%)填写 over;8 人次没有给出答案;不当答案主要是 as(14 人次),on(10 人次),beneath(7 人次)。

九、优先义的习得

介词 over 可将空间关系隐喻为质量好于某物,进一步隐喻为优先于某物。测试卷的 27 题和 30 题测试优先义的习得。27 题可接受的答案为 over 和 more than,30 题可接受的答案为 over 和 to。

27. I favour soccer ________ tennis.

30. I would prefer tea ________ coffee.

介词 over 优先义的习得情况见表 5-22。

表 5-22　介词 over 优先义的习得

			27 题		30 题		over 均值
			over	more than	over	to	
非英语专业一年级(N=106)		人数	19	47	9	92	14
		比例(%)	17.9	44.3	8.5	86.8	13.2
英语专业	一年级(N=26)	人数	3	14	4	23	3.5
		比例(%)	11.5	53.8	15.4	88.5	13.5
	三年级(N=26)	人数	5	20	8	24	6.5
		比例(%)	19.2	76.9	30.8	92.3	25
合计(N=158)		人数	27	81	21	139	24
		比例(%)	17.1	51.3	13.3	88.0	15.2

数据显示,受试者掌握介词 over 优先义的情况不理想,平均每题仅 24 人次填写 over,占 15.2%。其中非英语专业一年级 14 人次(13.2%),英语专业一年级 3.5 人次(13.5%)、三年级 6.5 人次(25%)填写 over。三年级习得情况稍好于一年级。

27 题可接受的答案为 over 和 more than。此句若使用 more than,是应用其原始意义,若填写 over,则在使用其隐喻义。统计发现,有 27 人次填写 over,占 17.1%;81 人次填写 more than,占 51.3%。其中非英语专业一年级 19 人次填写 over,占 17.9%;47 人次填写 more than,占 44.3%;24 人次没有给出答案;不当答案主要是 than(12 人次)。英语专业一年级 3 人次(11.5%)、三年级 5 人次(19.2%)填写 over;一年级 14 人次(53.8%)、三年级 20 人次(76.9%)填写 more than;另有 5 名受试者填写了 than。

30 题可接受的答案为 over 和 to。句中的 prefer 与 to 连用是固定短语形式。统计发现,有 21 人次填写 over,占 13.3%;139 人次填写 to,占 88.0%①。其中非英语专业一年级 9 人次填写 over,占 8.5%;92 人次填写 to,占 86.8%。英语专业一年级 4 人次(15.4%)、三年级 8 人次(30.8%)填写 over;一年级 23 人次(88.5%)、三年级 24 人次(92.3%)填写 to。此题的不当答案是 than(3 人次)。

① 此题 12 人次同时填写 over 和 to。其中,英语专业三年级填写 over 的受试者都同时填写了 to。

由以上分析看出,受试者掌握介词 over 优先义不理想,多数受试者倾向使用与 prefer 组成固定用法的 to,或表达原型意义的 more than。

第五节　above 的习得研究

介词 above 和 over 表示的原型场景类似,都表示射体高于界标。二者的区别在于 above 表示射体和界标处在不可接触的范围内,没有相互接触的潜势;over 表示射体和界标处在可接触的范围内,有相互接触的潜势。除原型场景外,above 还表示数量超过,级别、地位、重要性等高于,位于某物上面并紧邻某物,在上游义,另有一些习语用法。测试卷共设十道题测试介词 above 的习得。统计显示,介词 above 的习得情况一般。在需要填写 above 的题目中,平均每题仅 37.9 人次填写 above,占 24.0%。英语专业三年级习得情况稍好于其他年级,平均每题 15 人次填写 above,占 57.7%。英语专业一年级和非英语专业一年级填写 above 的比例相差不大,前者平均每题 5.1 人次(19.6%),后者平均 17.8 人次(16.8%)填写 above①。

一、原型场景的习得

介词 above 的原型场景表示射体高于界标,并且二者没有接触的潜势。测试卷共有 2 道题(68 题和 92 题)测试 above 原型场景的习得。

68. The water was deep. It came ________ our knees.

92. We were flying at highest altitude, way ________ the clouds.

介词 above 原型场景的习得情况见表 5-23。

表 5-23　介词 above 原型场景的习得

			68 题	92 题	均值
非英语专业一年级(N=106)		人数	27	20	23.5
		比例(%)	25.5	18.9	22.2
英语专业	一年级(N=26)	人数	8	6	7
		比例(%)	30.8	23.1	26.9
	三年级(N=26)	人数	20	15	17.5
		比例(%)	76.9	57.6	67.3
合计(N=158)		人数	55	41	48
		比例(%)	34.8	25.9	30.4

数据显示,测试 above 原型场景的两道题中,平均每题 48 人次填写 above,占 30.4%。其中非英语专业一年级平均每题 23.5 人次填写 above,占 22.2%;英语专业一年级平均

① 如英语空间介词语义分析一章所述,介词 above 和 over 的差别并非绝对,在不强调射体和界标是否有接触潜势时,二者可互换使用。上节中分析的 78 题和 81 题也可看作测试介词 above 的用法。由于这两道题已在英语空间介词语义分析一章分析过,此处不赘述。此处讲的 10 道题不包括 78 题和 81 题。若将这两题包括在内,共 12 道题测试 above 的用法。在这 12 题中,平均每题 33.1 人次填写 above,占 20.9%。其中,非英语专业一年级平均每题 15.6 人次(14.7%),英语专业一年级 4.3 人次(16.7%),英语专业三年级 13.2 人次(50.6%)填写 above。另外,由于没有语境的限制,确切地说,98 题既测试 above 的用法,又测试 below 的用法。

每题 7 人次填写 above，占 26.9%；三年级每题 17.5 人次填写 above，占 67.3%。三年级填写 above 的人次远高于其他年级。

68 题共 55 人次填写 above，占 34.8%。其中非英语专业一年级 27 人次填写 above，占 25.5%；受试者给出的其他答案主要包括 over（36 人次）和 to（16 人次）。英语专业一年级 8 人次（30.8%）、三年级 20 人次（76.9%）填写 above；其他答案主要包括 over（8 人次）和 towards（6 人次）。

92 题可接受的答案为 above 和 over。本题共 41 人次填写 above，占 25.9%。其中非英语专业一年级 20 人次填写 above，占 18.9%；13 人次填写 over；受试者给出的其他答案主要包括 in（26 人次），on（17 人次）和 to（11 人次）。英语专业一年级 6 人次（23.1%）、三年级 15 人次（57.6%）填写 above；共 9 人次填写 over；另外，8 人次填写 in，7 人次填写 through，6 人次填写 on[①]。部分受试者填写 in 和 through，可能受汉语“在云中飞”“穿过云朵”等表达方式的影响。

二、表数量等超过义的习得

和介词 over 一样，above 可以由空间域隐喻到数量域，表示射体在数目、价钱、重量等方面超过界标。多数情况下（如上节讨论的 78 题和 81 题），介词 above 和 over 表示超过某数量义时没有差异，都可与词组 more than 可互换。在某些时候，表示数量等超过时只能使用 above，如测试卷中的以下题目。

25. Her behavior was ________ reproach.

33. It is hot today. The temperature has been ________ the average recently.

77. The town is 2,000 feet ________ sea level.

上述题目中，33 题表示温度超过某数值，77 题表示高度超过某给定量。这两种情况下通常使用介词 above，英语母语者不使用 over。25 题是近似短语的用法，表示远超出指责（reproach）的范围，即射体与界标没有接触的可能。此题只能使用 above。介词 above 表示数量等超过义的习得情况见表 5-24。

表 5-24　介词 above 表示数量等超过义的习得

			25 题	33 题	77 题	均值
非英语专业一年级（N=106）		人数	16	14	14	14.7
		比例（%）	15.1	13.2	13.2	13.8
英语专业	一年级（N=26）	人数	3	5	3	3.7
		比例（%）	11.5	19.2	11.5	14.1
	三年级（N=26）	人数	20	16	19	18.3
		比例（%）	76.9	61.5	73.1	70.5
合计（N=158）		人数	39	35	36	36.7
		比例（%）	24.7	22.2	22.8	23.2

① 答案中，3 人次同时填写了 above 和 over，2 人次同时填写 over 和 through，一人同时填写 in 和 through。

数据显示,介词 above 表示数量等超过义的习得正确率不高,平均每题有 36.7 人次填写 above,占 23.2%。一年级和三年级的差异较大。其中非英语专业一年级平均每题有 14.7 人次填写 above,占 13.8%;英语专业一年级每题平均仅 3.7 人次填写 above,占 14.1%;英语专业三年级每题有 18.3 人次填写 above,占 70.5%。三道题之间差异不明显。

25 题可接受的答案为 above 和 beyond①。共 39 人次填写 above,占 24.7%。其中非英语专业一年级 16 人次填写 above,占 15.1%;1 人次填写 beyond;19 人次没有给出答案;不当答案主要包括 in(28 人次)和 on(23 人次)。英语专业一年级 3 人次(11.5%)、三年级 20 人次(76.9%)填写 above;共 12 人次填写 beyond;其他答案主要是 beneath(7 人次)。

33 题共 35 人次填写 above,占 22.2%②。其中非英语专业一年级 14 人次填写 above,占 13.2%;受试者给出的其他答案主要包括 on(39 人次),in(13 人次)和 over(16 人次)。英语专业一年级 5 人次(19.2%)、三年级 16 人次(61.5%)填写 above;其他答案主要包括 over(13 人次)和 on(10 人次)。

77 题共 36 人次填写 above,占 22.8%。其中非英语专业一年级 14 人次填写 above,占 13.2%;32 人次没有给出答案;其他答案主要包括 over(24 人次),to(19 人次)和 from(17 人次)。英语专业一年级 3 人次(11.5%)、三年级 19 人次(73.1%)填写 above;其他答案主要包括 from(13 人次)和 over(9 人次)。

由以上分析看出,其他受试者与英语专业三年级掌握 above 数量超过义的差异很大。大部分英语专业三年级受试者能够掌握这种用法;其他年级受试者没有掌握这种用法,他们更多的时候使用汉语的对应词去完成英语句子。

三、级别、地位、重要性高于义的习得

介词 above 可由空间关系域隐喻到社会等级领域,表示级别、地位、重要性等高于某物,这和介词 over 的用法类似。二者的区别在于 over 强调射体与界标是紧邻的上下级关系,above 表示射体与界标的距离较大。测试卷中共有 2 道题(54 题和 85 题)测试 above 级别、地位、重要性高于义的习得。其习得情况见表 5-25。

54. Should a soldier value honor ________ life?

85. To marry the class ________ oneself is one of the best ways for girls who come from worker class to get into the higher class.

数据显示,受试者习得介词 above 级别、地位、重要性高于义的情况较差,平均每题有 35 人次填写 above,占 22.2%。其中非英语专业一年级平均每题 8.5 人次填写 above,仅占 8.0%;英语专业一年级平均每题有 8.5 人次(32.7%)、三年级有 18 人次(69.2%)填写 above。英语专业三年级的正确率远高于其他年级。

---

① 访谈英语母语者时,一位加拿男青年认为 25 题可填 beyond,其他人填写试卷时都只填写了 above。当问他们是否可填写 beyond 时,他们都说填写 beyond 能够明白句子什么意思,但自己不那样用。

② 3 人次同时填写了 above 和 over。

表 5-25　介词 above 级别、地位、重要性高于义的习得

			54 题	85 题	均值
非英语专业一年级（N=106）		人数	10	7	8.5
		比例(%)	9.4	6.6	8.0
英语专业	一年级（N=26）	人数	6	11	8.5
		比例(%)	23.1	42.3	32.7
	三年级（N=26）	人数	15	21	18
		比例(%)	57.7	80.8	69.2
合计(N=158)		人数	31	39	35
		比例(%)	19.6	24.7	22.2

54 题共 31 人次填写 above，占 19.6%。其中非英语专业一年级 10 人次填写 above，占 9.4%；不当答案主要包括 in(53 人次)，of(18 人次) 和 than(7 人次)。英语专业一年级 6 人次(23.1%)、三年级 15 人次(57.7%)填写 above；其他答案主要包括 in(22 人次)和 as(5 人次)。此题近一半受试者填写 in，可能部分受试者没有真正理解句子的意思，见到 honor 和 life 两个名词在一起，就想到把后者与介词连用，组成介词宾语做定语。又由于 in life 是常用短语，受试者据此选择了 in。填写 in 在语法上没有问题，但语义不通。

85 题共 39 人次填写 above，占 24.7%。其中非英语专业一年级 7 人次填写 above，占 6.6%；18 人次认为此处不需要填写介词；其他答案主要包括 with(36 人次)和 to(32 人次)。英语专业一年级 11 人次(42.3%)、三年级 21 人次(80.8%)填写 above；其他答案主要包括 with(5 人次)，to(4 人次)，over(4 人次)和 beyond(3 人次)。

同 above 表数量超过义的情况类似，英语专业三年级习得 above 表级别、地位、重要性高于义的情况远好于其他年级学生。

四、表位于上面并紧邻某物的习得

介词 above 可表示位于某物上面并紧邻该物体，这是 above 不同于 over 的用法之一。试卷的第四题(4. Be careful! The rung ________ the one you're standing on is broken.)测试这一用法。统计显示，此题共 37 人次填写 above，占 23.4%。其中非英语专业一年级 24 人次填写 above，占 22.6%；10 人次没有给出答案；不当答案主要包括 over(39 人次)，on(17 人次)和 of(16 人次)。英语专业一年级 2 人次(7.7%)、三年级 11 人次(42.3%)填写 above；其他答案主要包括 of(17 人次)和 over(10 人次)。

五、在上游义的习得

介词 above 可表示位于河流的上游之义；相对应地，介词 below 表示在下游之义。试卷的 98 题(98. You can cross the river a short distance ________ the waterfall.)测试这两种

用法①。统计显示,此题有 12 人次同时填写 above 和 below,27 人只填写 above,4 人填写 above 和其他答案,17 人只填写 below,8 人填写 below 和其他答案。分解多选项,共 43 人次填写 above,占 27.2%,37 人次填写 below,占 23.4%。其中非英语专业一年级 30 人次填写 above,占 28.3%;27 人次填写 below,占 25.5%;不当答案主要包括 over(17 人次),beneath(12 人次),up(8 人次),down(7 人次)和 under(5 人次)。英语专业一年级 4 人次(15.4%)、三年级 9 人次(34.6%)填写 above;一年级 2 人次(7.7%)、三年级 8 人次(30.8%)填写 below;不当答案主要包括 beneath(15 人次),over(7 人次)和 under(5 人次)。

六、相关习语的习得

测试卷中有一道题(18. He longs ________ all to see his family again.)测试 above 习语的用法。统计显示,此题共 23 人次填写 above,占 14.6%。其中非英语专业一年级 16 人次填写 above,占 15.1%;不当答案主要包括 to(30 人次)和 for(24 人次)。英语专业一年级 3 人次(11.5%)、三年级 4 人次(15.4%)填写 above;不当答案主要包括 for(18 人次)和 in(14 人次)。部分受试者填写 for 或 to,这可能受到了短语 long for 或 long to do sth. 的影响。由以上分析可以推测,大部分受试者没有掌握 above all 这一习语的用法。

第六节　under 的习得研究

介词 under 是和 over 对应的词语,其原型场景表示射体位于界标之下,二者有接触的潜势。当不强调射体和界标是否有接触的潜势时,under 可以和 below 互换使用。除表示原型场景外,under 还表示数量少于、被覆盖、被控制等义。问卷中共 14 道题测试介词 under 的习得②。统计显示,受试者习得 under 的情况较一般。在需要填写 under 的题目中,平均每题 44.1 人次填写 under,占 27.5%。其中英语专业三年级平均每题 11.1 人次填写 under,占 42.6%;英语专业一年级平均每题 8.9 人次填写 over,占 34.3%;非英语专业一年级平均每题 24.1 人次填写 over,占 22.8%。

一、原型场景的习得

介词 under 的原型场景表示射体低于界标。试卷中共有 3 道题(7 题、35 题和 69 题)测试此义的习得。其中 35 题和 69 题中的射体和界标都是实物,并强调射体和界标间存在某种关系,因此 under 是唯一可接受的答案。7 题与原型场景稍有差异,此题可接受的答案是 under 和 below。

7. The paper will be cut from this line. So, do not write ________ this last line on this page.

---

① 由于没有找到合适的限制语境,above 和 below 都可做 98 题的答案。此题同时测试学生 above 在上游义和 below 在下游义的习得。

② 87 题有两空,前一空测试 over 的习得,后一空测试 under 的习得。本处只讨论后一空。

35. Let's shelter ________ the trees.

69. The water flows ________ the bridge.

介词 under 原型场景的习得情况见表 5-26。

表 5-26　介词 under 原型场景的习得

			7 题	35 题	69 题	均值
非英语专业一年级（N=106）		人数	32	47	35	38
		比例(%)	30.2	44.3	33.0	35.8
英语专业	一年级（N=26）	人数	13	17	18	16
		比例(%)	50	65.4	69.2	61.5
	三年级（N=26）	人数	19	23	22	21.3
		比例(%)	73.1	88.5	84.6	82.1
合计(N=158)		人数	64	87	75	75.3
		比例(%)	40.5	55.1	47.5	47.7

数据显示,受试者习得 under 原型场景的情况一般,平均每题有 75.3 人次填写 under,占 47.7%。其中非英语专业一年级平均每题 38 人次填写 under,占 35.8%;英语专业一年级平均每题 16 人次(61.5%)、三年级 21.3 人次(82.1%)填写 under。总体来看,英语专业受试者(尤其是三年级)习得 under 的情况远远好于非英语专业一年级。

7 题可接受的答案是 under 和 below。此题填写 under 的人次略低于其他两题。共 64 人次填写 under,占 40.5%;47 人次填写 below,占 29.7%。其中非英语专业一年级 32 人次填写 under,占 30.2%;31 人次填写 below,占 29.2%;9 人次没有给出答案;不当答案主要包括 across(14 人次)和 down(11 人次)。英语专业一年级 13 人次(50%)填写 under,9 人次(34.6%)填写 below;三年级 19 人次(73.1%)填写 under,7 人次(26.9%)填写 below;不当答案主要是 across。

35 题共 87 人次填写 under,占 55.1%,其习得情况略好于其他两题。其中非英语专业一年级 47 人次填写 under,占 44.3%;受试者给出的其他答案比较分散,主要包括 in(16 人次),on(13 人次),beneath(7 人次),down(6 人次)和 behind(11 人次)。英语专业一年级 17 人次(65.4%)、三年级 23 人次(88.5%)填写 under;其他答案主要是 in(8 人次)。此题不当答案中,in 占的比例较大。这可能受对应汉语表达"树荫中"的"中"的影响。

69 题共 75 人次填写 under,占 47.5%。其中非英语专业一年级 35 人次填写 under,占 33.0%;不当答案主要包括 across(17 人次),down(15 人次)和 on(9 人次)。英语专业一年级 18 人次(69.2%)、三年级 22 人次(84.6%)填写 under;其他答案主要是 down(5 人次)和 across(4 人次)。

二、数量少于义的习得

和介词 over 及 above 一样,介词 under 和 below 也可以由空间域隐喻到数量域。和原型场景类似,表示数量时,under 强调射体与界标有接触的可能,即与界标差距不大;below

表示射体与界标没有接触的可能，即与界标差距很大。需要指出的是，评价差距大小的标准是主观的，常因人而异，因此，多数情况下，二者可互换使用。另外，under 数量少于义可用 less than 解释，通常能用 less than 替换。试卷中共 3 道题（31 题、87 题的第二空、90 题）测试介词数量少于义的习得。

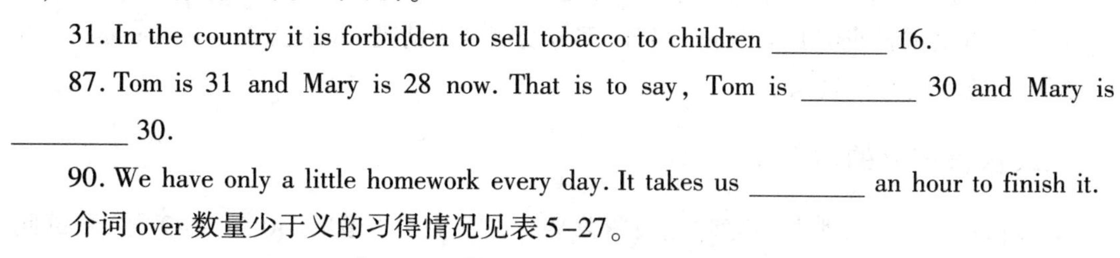

31. In the country it is forbidden to sell tobacco to children ________ 16.

87. Tom is 31 and Mary is 28 now. That is to say, Tom is ________ 30 and Mary is ________ 30.

90. We have only a little homework every day. It takes us ________ an hour to finish it.

介词 over 数量少于义的习得情况见表 5-27。

表 5-27　介词 under 数量少于义的习得

			31 题	87 题	90 题	均值
非英语专业一年级（N=106）		人数	55	43	37	45
		比例（%）	51.9	40.6	34.9	42.5
英语专业	一年级（N=26）	人数	11	14	13	12.7
		比例（%）	42.3	53.8	50	48.7
	三年级（N=26）	人数	12	17	15	14.7
		比例（%）	46.2	65.4	57.7	56.4
合计（N=158）		人数	78	74	65	72.3
		比例（%）	49.4	46.8	41.1	45.8

数据显示，受试者习得介词 under 数量少于义的情况一般，平均每题有 72.3 人次填写 under，占 45.8%。其中非英语专业一年级平均每题 45 人次（42.5%）填写 under；英语专业一年级平均每题 12.7 人次（48.7%）、三年级平均每题 14.7 人次（56.4%）填写 under。英语专业三年级稍好于其他年级，但差异不大。各题之间填写 under 的人次差异也不大。

31 题介词 under 表示年龄小于界标，此题可接受答案为 under 和 below。共 78 人次填写 under，占 49.4%；9 人次填写 below，占 8.5%。其中非英语专业一年级 55 人次填写 under，占 51.9%；4 人次填写 below，占 3.8%；受试者的其他答案主要包括 beneath（19 人次）和 in（16 人次）。英语专业一年级 11 人次（42.3%）填写 under，3 人次（11.5%）填写 below；三年级 12 人次（46.2%）填写 under，2 人次（7.7%）填写 below；其他答案主要包括 beneath（11 人次）和 down（6 人次）。

87 题后一空共 74 人次填写 under，占 46.8%。其中非英语专业一年级 43 人次填写 under，占 40.6%；17 人次没有给出答案；其他答案主要包括 down（17 人次），beneath（7 人次）和 in（7 人次）。英语专业一年级 14 人次（53.8%）、三年级 17 人次（65.4%）填写 under；其他答案主要有 beneath（6 人次）和 below（5 人次）。

90 题共 65 人次填写 under，占 41.1%。其中非英语专业一年级 37 人次填写 under，占 34.9%；12 人次没有给出答案；受试者的其他答案主要包括 about（34 人次）和 below（14 人次）①。英语专业一年级 13 人次（50%）、三年级 15 人次（57.7%）填写 under；其他答案主要有 below（7 人次）和 beneath（6 人次）。

从以上分析看出，表示数量少于义时，受试者主要选用 under，below 和 beneath 三个词，几乎没有受试者使用 less than。另外，部分受试者不清楚 under，below 和 beneath 三者的区别，有随意使用的现象。

三、被覆盖义的习得

介词 under 可由原型场景隐喻出被覆盖义。试卷中共 2 道题（40 题和 49 题）测试此义的习得。其中 40 题是原型场景向被覆盖义的过渡，答案为 under，below 或 in；49 题为覆盖义，答案为 under，in 或 into。

40. Most of the iceberg is ________ the water.

49. She pushed all her hair ________ a headscarf.

受试者习得 under 覆盖义的情况见表 5-28。

表 5-28　介词 under 被覆盖义的习得

<table>
<tr><th colspan="3"></th><th>40 题</th><th>49 题</th><th>均值</th></tr>
<tr><td colspan="2" rowspan="2">非英语专业一年级
（N=106）</td><td>人数</td><td>17</td><td>7</td><td>12</td></tr>
<tr><td>比例（%）</td><td>16.0</td><td>6.6</td><td>11.3</td></tr>
<tr><td rowspan="4">英语专业</td><td rowspan="2">一年级
（N=26）</td><td>人数</td><td>3</td><td>4</td><td>3.5</td></tr>
<tr><td>比例（%）</td><td>11.5</td><td>15.4</td><td>13.5</td></tr>
<tr><td rowspan="2">三年级
（N=26）</td><td>人数</td><td>4</td><td>2</td><td>3</td></tr>
<tr><td>比例（%）</td><td>15.4</td><td>7.7</td><td>11.5</td></tr>
<tr><td colspan="2" rowspan="2">合计（N=158）</td><td>人数</td><td>24</td><td>13</td><td>18.5</td></tr>
<tr><td>比例（%）</td><td>15.2</td><td>8.2</td><td>11.7</td></tr>
</table>

数据显示，大部分受试者没有掌握 under 覆盖义的用法，平均每题仅 18.5 人次填写 under，占 11.7%。其中非英语专业每题平均 12 人次（11.3%），英语专业一年级 3.5 人次（13.5%）、三年级 3 人次（11.5%）填写 under。各年级受试者习得情况差异不大。

40 题可接受的答案为 under，below 或 in。共 24 人次填写 under，占 15.2%。其中非英语专业一年级 17 人次填写 under，占 16.0%；24 人次填写 in；2 人次填写 below；受试者的其他答案主要包括 on（23 人次）和 from（15 人次）。英语专业一年级 3 人次（11.5%）填写 under，3 人次（11.5%）填写 below；三年级 4 人次（15.4%）填写 under，2 人次（7.7%）填写 below；共有 16 人次填写 in，占 30.8%；其他答案主要为 above（12 人次）。此题中部分受试者填写 on 或 above。填写这两个词以后，句子语法正确，但不合逻辑。另外，部分受试者填写了 from，他们大多没有理解句子意思，误以为句子表达的是“大部分冰是由水变来的”，因此填写了 from。

① 90 题填写 about（大约）语法是正确的，语义也上也可接受，只是没法突出“作业少”的含义。

49 题可接受的答案为 under，in 或 into。共 13 人次填写 under，占 8.2%。其中非英语专业一年级 7 人次填写 under，占 6.6%；32 人次填写 in；7 人次填写 into；不当答案主要包括 with（18 人次）和 to（17 人次）。英语专业一年级 4 人次（15.4%）、三年级 2 人次（7.7%）填写 under；共 14 人次填写 in，16 人次填写 into；不当答案主要是 with（12 人次）和 beneath（2 人次）。

由以上分析可以看出，受试者掌握介词 under 覆盖义的情况不理想，大部分受试者基本没有掌握此用法。受试者的偏误特点主要是用 in 代替 under。

四、被控制义的习得

介词 under 可由空间关系义隐喻为被控制义，表示射体受界标的控制。此处的控制是广义概念，根据具体语境，可翻译为“在（某人）统治或领导下、根据（协议、法律或制度的）规定、承受（某种负荷）、在（某事物）的状态中、使用（某名称）”等。试卷中共有 6 道题（16 题、19 题、45 题、52 题、65 题、72 题）测试介词 under 被控制义的习得。其中，45 题测试在（某人）统治或领导下的习得；65 题测试根据（协议、法律或制度的）规定义的习得；52 题测试承受（某种负荷）义的习得；16 题和 72 题测试在（某事物）状态中的习得；19 题测试使用（某名称）义的习得。

16. He is very much ________ the influence of the older boys.

19. He opened a bank account ________ a false name.

45. She is a manager with a staff of 12 working ________ her.

52. She was struggling ________ the weight of three suitcases.

65. ________ the terms of the lease you had to pay the fines.

72. There are some buildings ________ repair.

受试者习得 under 被控制义的情况见表 5-29。

表 5-29 介词 under 被控制义的习得

			16 题	19 题	45 题	52 题	65 题	72 题	均值
非英语专业一年级（N=106）		人数	15	4	9	3	10	24	10.8
		比例（%）	14.2	3.8	8.5	2.8	9.4	22.6	10.2
英语专业	一年级（N=26）	人数	6	3	2	2	4	15	5.3
		比例（%）	23.1	11.5	7.7	7.7	15.4	57.7	20.5
	三年级（N=26）	人数	5	7	3	4	5	17	6.8
		比例（%）	19.2	26.9	11.5	15.4	19.2	65.4	26.3
合计（N=158）		人数	26	14	14	9	19	56	23
		比例（%）	10.8	8.9	8.9	5.7	12.0	35.4	14.6

数据显示，受试者习得 under 被控制义的情况很不理想，平均每题仅 23 人次填写 under，占 14.6%。尤其是非英语专业一年级，平均每题仅 10.8 人次（10.2%）填写 under。英语专业受试者中，一年级平均每题 5.3 人次（20.5%）、三年级 6.8 人次（26.3%）填写 under，二者差异不明显。六道题间填写 under 的人次由 56 到 9 不等，差异较大。

45 题测试在（某人）统治或领导下义的习得。此题正确率很低，仅 14 人次填写 under，占 8.9%。其中非英语专业一年级 9 人次填写 under，占 8.5%；不当答案主要包括 for（29 人次），on（22 人次），with（19 人次）和 to（8 人次）。英语专业一年级 2 人次（7.7%）、三年级 3 人次（11.5%）填写 under；不当答案主要包括 for（23 人次）和 beneath（12 人次）。

65 题测试根据（协议、法律或制度的）规定义的习得。仅 19 人次填写 under，占 12.0%。其中非英语专业一年级 10 人次填写 under，占 9.4%；不当答案主要包括 in（60 人次）和 on（15 人次）。英语专业一年级 4 人次（15.4%）、三年级 5 人次（19.2%）填写 under；不当答案主要是 in（44 人次）。英语专业和非英语专业受试者中，此题填写不当答案 in 的比例都很高，可能是受试者没有弄清楚此义与介词 in 处于某种状态义的差异。

52 题测试承受（某种负荷）义的习得。仅 9 人次填写 under，占 5.7%。其中非英语专业一年级 3 人次填写 under，占 2.8%；不当答案主要包括 with（29 人次），in（23 人次）和 to（14 人次）。英语专业一年级 2 人次（7.7%）、三年级 4 人次（15.4%）填写 under；其他答案主要是 with（19 人次）和 for（8 人次）。

16 题和 72 题测试处于（某事物）的状态中的习得。16 题共 26 人次填写 under，占 10.8%。其中非英语专业一年级 15 人次填写 under，占 14.2%；不当答案主要包括 on（52 人次）和 in（29 人次）。英语专业一年级 6 人次（23.1%）、三年级 5 人次（19.2%）填写 under；其他答案主要是 in（20 人次）和 on（9 人次）。72 题的 under repair 是一个固定短语，此题填写 under 的人次较高（尤其是英语专业的受试者），共 56 人次填写 under，占 35.4%。其中，非英语专业一年级 24 人次填写 under，占 22.6%；不当答案主要包括 in（45 人次）和 on（25 人次）。英语专业一年级 15 人次（57.7%）、三年级 17 人次（65.4%）填写 under；不当答案主要是 in（14 人次）[①]。

19 题测试使用（某名称）义的习得。共 14 人次填写 under，占 8.9%。其中非英语专业一年级仅 4 人次填写 under，占 3.8%；不当答案较为分散，主要包括 with（23 人次），for（20 人次），on（17 人次），in（14 人次）和 to（12 人次）。英语专业一年级 3 人次（11.5%）、三年级 7 人次（26.9%）填写 under；不当答案主要包括 with（18 人次）和 in（9 人次）。

由以上分析看出，大部分受试者没有掌握介词 under 被覆盖义的用法，常误用 in 代替 under。

第七节　below 的习得研究

介词 below 是和 above 对应的词语，其原型场景表示射体位于界标之下，二者没有接触的潜势。如前所述，当不强调射体和界标是否有接触的潜势时，below 和 under 可互换使用。除表示原型场景外，below 还表示数量等少于义、地位低于或次于义、位于下面并

① 访谈中，一位加拿大的年轻男性认为 in 也可以做本题答案，但其他受访者认为他们（尤其书面表达时）从来不用 in。

紧邻某物义、在下游等义。问卷中共6道题测试介词below的习得①。统计显示,介词below的习得情况一般。六道题目中,平均每题仅36.7人次填写below,占23.2%。英语专业三年级习得情况稍好于其他年级,平均每题7.8人次填写below,占30.2%。英语专业一年级和非英语专业一年级填写below的比例相差不大,前者平均每题5.2人次(19.9%),后者平均23.7人次(22.3%)填写below。

一、原型场景的习得

介词below的原型场景表示射体低于界标,并且射体和界标没有接触的潜势。试卷的66题(66. The valley is far ________ the tallest peak.)测试below原型场景的习得②。由于缺乏语境限制,此题可接受的答案包括below,from和beyond。其中far from为固定词组。统计显示,此题37人次填写below,占23.4%;78人次填写from,占49.4%;6人次填写beyond,占3.8%。其中非英语专业一年级20人次填写below,占18.9%;50人次填写from,占47.2%;6人次填写beyond,占5.7%;不当答案主要包括down(13人次)和under(9人次)。英语专业一年级9人次(34.6%)、三年级8人次(30.8%)填写below,两个年级差异不大;共28人次填写from,另有2人次填写down。由以上数据可看出,受试者习得词组far from的情况较好,更倾向使用这一短语,而不熟悉介词below的原型场景。

二、数量少于义的习得

介词under和below都可以由空间域隐喻为表示数量关系,并且二者差异不显著,但当表示温度低于界标时,通常用below,不用under。试卷中有一道题(32. It is cold today. The temperature remained ________ freezing all day.)测试below数量少于义的习得。统计显示,共48人次填写below,占30.4%。其中非英语专业一年级32人次填写below,占30.2%;13人没有给出答案;另有30人次填写under,17人次填写beneath。英语专业一年级6人次(23.1%)、三年级10人次(38.5%)填写below;共17人次填写under,6人次填写beneath。

三、次于、地位低于义的习得

与above类似,介词below也可从空间域隐喻到能力或社会关系域,表示能力或级别等低于义。试卷中有2道题(10题和37题)测试此义的习得。

10. He considered such jobs ________ him.

37. Mary is not clever because her reading comprehension is ________ average compared to that of other twelve-year-olds.

受试者习得below次于、地位低于义的情况见表5-30。

---

① 根据Tyler & Evans(2003)的语义网络,试卷中共6道题测试below的用法。它们分别是10题、26题、32题、37题、66题和98题。以上数据就是根据这些题目统计出来的。但访谈英语母语者发现,below同样可以做7题、31题和40题的答案。这些题目已在相关章节讨论,此处不赘述。若包括这些题,共9道题测试below的用法。统计发现,平均每题31.4人次填写below,占19.9%。其中,英语专业三年级平均每题6.4人次填写below,占24.8%;英语专业一年级均每题5.1人次填写below,占19.7%;非英语专业一年级均每题19.9人次填写below,占18.8%。

② 试卷的7题也测试了below原型场景的习得,上一节已探讨此题,此处不赘述。

表 5-30　介词 below 次于、地位低于义的习得

			10 题	37 题	均值
非英语专业一年级（N=106）		人数	17	29	23
		比例（%）	16.0	27.4	21.7
英语专业	一年级（N=26）	人数	4	7	5.5
		比例（%）	15.4	26.9	21.2
	三年级（N=26）	人数	6	8	7
		比例（%）	23.1	30.8	26.9
合计（N=128）		人数	27	44	35.5
		比例（%）	17.1	27.8	22.5

数据显示，受试者习得介词 below 次于、地位低于义的情况不理想，平均每题仅 35.5 人次填写 below，占 22.5%。其中非英语专业一年级每题平均 23 人次填写 below，占 21.7%；英语专业一年级平均每题 5.5 人次（21.2%）、三年级 7 人次（26.9%）填写 below。不同年级受试者习得此义的情况差异不明显。

37 题的习得情况稍好于 10 题，共 44 人次填写 below，占 27.8%，其中非英语专业一年级 29 人次填写 below，占 27.4%；18 人没有给出答案；另有 27 人次填写 beneath，17 人次填写 under，10 人次填写 lower than。英语专业一年级 7 人次（26.9%）、三年级 8 人次（30.8%）填写 below；其他答案主要包括 beneath（13 人次），lower than（12 人次）和 under（12 人次）。

10 题可接受的答案为 below 和 beneath。此题共 27 人次填写 below，占 17.1%，37 人次填写 beneath，占 23.4%。其中非英语专业一年级 17 人次填写 below，占 16.0%；20 人次填写 beneath，占 18.9%；15 人没有给出答案；另有 21 人次填写 lower than，19 人次填写 under。英语专业一年级 4 人次（15.4%）、三年级 6 人次（23.1%）填写 below；共 17 人次填写 beneath；另有 12 人次填写 under。

由以上可见，受试者习得介词 below 次于、地位低于义的情况不理想。多数受试者不清楚 under，below，beneath 的差异，存在随意使用的现象。

四、位于下面并紧邻某物义的习得

与 above 对应，介词 below 可由空间关系义隐喻为表示位于下面并紧邻某物义。试卷中有一道题测试此义的习得（26. I am in grade 6 and he is in grade 5. He is in the class ________ me.）。统计显示，共 27 人次填写 below，占 17.1%。其中非英语专业一年级 17 人次填写 below，占 16.0%；20 人次没有给出答案；25 人次填写 under；22 人次填写 down；18 人次填写 beneath。英语专业一年级 3 人次（11.5%）、三年级 7 人次（26.9%）填写 below；其他答案主要包括 under（14 人次）和 beneath（10 人次）。

第八节　本章小结

本章依据第一手田野调查资料，分析了受试者习得六个英语空间介词所有常用义项的情况。本节基本掌握了汉语母语大学生外语空间概念的习得情况，并采用认知语言学的理论，简要分析定量研究的结果。

一、介词习得情况总结

总体来说，受试者习得空间介词的情况不理想，平均每题仅 59.4 人次填写所考察的合适介词，占 37.5%。英语专业一年级和非英语专业一年级的差异不大，前者平均每题 9.9 人次填写所考察的合适介词，占 38.2%，后者平均每题 35.6 人次填写所考察的合适介词，占 33.6%。英语专业三年级的习得情况要好于其他年级，平均每题 13.9 人次填写所考察的合适介词，占 53.4%①。

受试者习得不同介词的情况差异较大②。其中介词 in 的习得情况最好，平均每题 91.7 人次填写 in，占 58.0%；over 的习得情况最差，平均每题 27.7 人次填写 over，占 17.5%。其他介词的习得情况分别如下：平均每题 77 人次(48.7%)填写 on；44.1 人次(27.5%)填写 under；37.9 人次(24.0%)填写 above；36.7 人次(23.2%)填写 below。

测试题中，受试者填写合适介词的正确率从 21 题的 3.8% 到 44 题的 98.7% 不等，差异较大。

习得最好的 20 道题及其正确率分别是 44 题(98.7%) > 56 题(94.3%) > 67 题(93%) > 75 题(92.4%) > 82 题(91.1%) > 64 题(88.6%) > 93 题(86.7%) > 62 题(84.2%) = 84 题(84.2%) > 22 题(80.4%) > 55 题(78.5%) > 13 题(75.9%) = 48 题(75.9%) > 14 题(74.1%) > 59 题(72.2%) > 58 题(71.5%) = 41 题(71.5%) > 42 题(67.1%) = 73 题(67.1%) = 60 题(67.1%)③。

分析受试者习得最好的 20 道题，这些题目都是考察介词 in 或 on 习得的题目，并集中在三类用法：

第一类，介词 in 或 on 的原型场景，包括 56 题、75 题、82 题、22 题、48 题、59 题和 73 题。

第二类，介词 in 或 on 表示时间的用法，包括 67 题、93 题、41 题和 42 题。

第三类，有关介词 in 或 on 的习语或固定搭配用法，包括 44 题、64 题、62 题、55 题、13 题、14 题和 58 题。

正确率最低的 20 道题及其正确率分别是：21 题(3.8%) < 2 题(5.1%) = 91 题

---

① 根据 Tyler & Evans(2003)的语义网络，试卷中的 99 道题、100 个空共 101 次测试六个介词的用法(98 题同时测试 above 和 below 的用法，计为两次)。以上数据就是以此为根据统计出来的(以下简称以 101 为基数)。但访谈英语母语者发现，试卷中的 99 道题中，部分题目的答案不是唯一的，有些题目同时测试两个介词(具体见本章前几节的注释)。若把这些题目包括在内，整套试卷共 120 次测试六个介词的用法(以下简称以 120 为基数)。若以 120 为基数，平均每题 55.1 人次填写所考察的合适介词，占 34.8%。其中非英语专业一年级平均每题 33.1 人次(31.2%)，英语专业一年级平均每题 9.3 人次(35.9%)、三年级平均每题 12.6 人次(48.6%)填写合适介词。分析发现，以 120 为基数与以 101 为基数的结论差异不大。

② 数据以 101 为基数(即 Tyler & Evans 的语义网络)统计获得。若以 120 为基数(即以英语母语者的实际使用情况)统计，在对应的题目中，平均每题 87.7 人次(55.5%)填写 in，24 人次(15.2%)填写 over，74.4 人次(47.1%)填写 on，44.1 人次(27.5%)填写 under，33.1 人次(20.9%)填写 above，31.4 人次(19.9%)填写 below。其中，介词 in 的习得情况最好，over 的习得情况最差。此结论与以 101 为基数的结论差异不大。

③ 以 101 为基数，统计学生习得最好的 20 道题，与以 120 为基数，统计学生习得最好的 20 道题，所得结果一致。

(5.1%)< 50 题(over)(5.7%)[1]=52 题(5.7%)< 49 题(8.2%)< 45 题(8.9%)= 19 题(8.9%)< 80 题(9.5%)= 17 题(9.5%)= 12 题(9.5%)< 81 题(10.1%)< 16 题(10.8%)<79 题(11.4%)< 20 题(over)(12%)= 94 题(12%)= 53 题(12%)= 65 题(12%)< 30 题(13.3%)= 8 题(13.3%)[2]。

这些题目大致可分为两类:

第一类是 over 的各种用法,以集中注意力于某物义、覆盖义、控制义和高于并超过义最突出,包括21 题、2 题、91 题、50 题、80 题、17 题、12 题、81 题、79 题、20 题、94 题、53 题、30 题。其错误大多是用 on 代替 over。

第二类是 under 的覆盖义,包括 52 题、49 题、45 题、19 题、16 题、65 题。其错误大多是以 in 代替 under。

另外,试卷的第 8 题错误率也较高。此题不同于以上两类,考察的是介词 on 的用法。汉语经常讲"在某人的脑海里",英语中却说"on one's mind"。表示同一概念时,英汉两种语言选用了不同介词。由于受汉语的影响,部分受试者误填为"in one's mind"。

二、介词习得认知分析

分析以上数据,受试者习得英语介词正确率的分布似乎是杂乱无章的。按照认知语言学的观点,原型应该是范畴中最好的样本、最典型的例子,是谈到范畴概念时最先反映在人们头脑中的样本。这样的样本理应是最先习得的,也应该是习得最好的部分。但是,本研究的受试者习得某些词的原型场景的情况并不好,甚至不如其他词的边缘义项。例如 over 原型场景(78 题和 81 题)的正确率只有 12.0%,above(68 题和 92 题)的正确率30.4%,below(66 题)的正确率为23.4%,都低于介词习得的平均正确率37.5%。是什么原因导致这种现象发生呢?

如果联系英语空间介词对应的汉语,不难发现其中的规律。研究的六个空间介词词义上对应三个汉语词,分别是 on,over,above 对应汉语的"上";in 对应"中";under 和 below 对应"下"。

受试者习得 over 和 above 最常犯的错误是用 on 代替 over 或 above,或 over 和 above 相互替换使用。由此可推知,受汉语的影响,在受试者的思维中,on,over 和 above 表达的概念属于同一范畴(对应汉语的"上"),其中 on 的原型是这个范畴的典型成员,over 和 above 的原型意义及隐喻义是这一范畴的边缘成分(可能离典型成分的距离还比较远;有时 over 和 above 边界模糊,偶尔还会重叠)。当谈到这个范畴时,受试者最先想到的是典型成员 on(并且是仅仅想到 on),这就是受试者在合适或不合适的场合都使用 on 的原因。另外,在受试者的思维中,over 和 above 都是非典型成分,对二者的印象不深刻,不能很好

① 如前所述,over 和 on 都是 20 题和 50 题可接受的答案。50 题(over)(5.7%)表示 50 题中填写 over 的比例为 5.7%。下面的 20 题(over)(12%)亦是此意。

② 此处学生习得最不好的 20 道题是以 101 为基数统计的结果。若以 120 为基数,以下用法习得情况也很不好:23 题(over)(0)< 40 题(below)(4.4%)< 15 题(over)(5.1%)= 78 题(above)(5.1%)< 31 题(below)(5.7%)< 84 题(over)(6.3%)= 81 题(above)(6.3%)< 22 题(over)(8.2%)< 11 题(over)(8.9%)。这些题目大部分为 over 的用法。

地区分二者的边界，造成随意使用 over 和 above。

受试者习得 under 和 below 最常犯的错误是用 under 和 below（有时包括 beneath）互换使用，其中 under 的正确率高于 below。由此同样可推知，在受试者的思维中，under 和 below（可能还包括 beneath）所表达的概念属于同一范畴（对应汉语的“下”）。在这一范畴中，under 属于典型成员，位于范畴的中心部位；below 和 beneath 属于非典型成员，但离中心部位不是很远。当谈到这一概念时，受试者最先想到的是典型成员 under（有时也会想到非典型成员 below 或 beneath），也许这就是受试者习得 under 稍好于 below，同时随意使用 under，below 或 beneath 的原因。

由以上分析可看出，受试者使用英语空间介词时，更多地应用母语（汉语）的认知模式。近十年的英语学习并未帮助他们建立一套接近英语母语人的认知模式。

以上是对受试者习得英语空间介词情况的描写。受试者习得英语空间介词的情况不理想。那么，造成这种现象的原因是什么呢？教学中的哪些环节导致学生介词习得不理想？学生自身的哪些因素影响介词习得？下一章将简要探讨这些问题。

第六章 个人和社会因素对外语空间概念习得的影响

影响英语学习的因素很多,主要包括教师及教材因素;属于社会环境因素的学习条件、教学环境、学习任务;属于学习者先天因素的学生智力、性别等;属于学习者后天因素的学习动机、策略、兴趣、努力程度等。这些因素都会影响英语学习的各方面,包括空间介词的习得。

本章将着重探讨教师教学因素和学生自身因素对英语空间介词习得的影响。之所以没有探讨社会环境对英语空间介词的影响,主要是因为社会环境是相对稳定的,学习者要人为改变一个既定的社会环境,需要付出较大的代价或较长的时间。相比较而言,在英语学习中,教师因素及学生自身因素更容易把握。了解教师因素对英语空间介词习得的影响,可帮助教师有目的、有计划地改进教学;了解学生先天因素对英语空间介词习得的影响,可帮助教师和学生有的放矢地组织英语教学或英语学习;了解学生后天因素对英语空间介词的影响,可帮助教师和学生充分利用一切有利于英语空间介词习得的因素,起到事半功倍的效果。

第一节 教师及教学因素

在教学过程中,教师不但要传授学生知识,还要指导其学习方法和技能,纠正其学习中的不当行为。从上一章看出,学生习得英语空间介词并不理想。那么,教师掌握英语空间介词的情况如何?他们是否了解学生介词习得的真实水平,是否清楚学生学习过程中遇到的困难,能否为其提供正确指导?为了弄清这些问题,我们对所调查班级的三位英语任课教师进行测试和访谈[①]。

对教师测试采取一对一闭卷考试。统计结果显示,教师平均得分60.3,最高为66,最低为56[②]。三位教师都没有回答正确的共有11道题,分别是19题、23题、27题、30题、39题、45题、53题、65题、66题、80题和83题[③]。这些题目大致可分为两类:

第一类为测试题有多个答案,教师没有给出符合Tyler & Evans语义网络的答案。这些题目包括23题、27题、30题、53题、66题、80题和83题。三位教师的具体答案如下:23题2人次填写for,1人次填写under,0人次填写on;27题2人次填写more than,1人次填写instead of,0人次填写over;30题3人次填写to,0人次填写over;53题3人次填写at,0

① 本研究共调查了4个教学班。其中非英语专业文理班的大学英语任课教师为同一人,因此,测试任课教师3人。英语专业班级测试的是精读课任课教师。受试者均为硕士学历,其中2人为讲师,1人为副教授。

② 上述数据是以101为基数(即Tyler & Evans的语义网络)统计获得的。受试者的实际正确率要高于以上数据。例如,所有受试者30题都填写了to,66题都填写了from。这些答案都是正确的。但受试者没有填写出符合Tyler & Evans语义网络的答案,因此,统计中这些题目都没计分。

③ 30题、53题、80题、19题、45题、65题也在学生习得最不好的20题之中。

人次填写 over;66 题 3 人次填写 from,0 人次填写 below;80 题 1 人次填写 about,2 人次填写 on,0 人次填写 over;83 题 1 人次填写 over,1 人次填写 across,1 人次填写 to,0 人次填写 on。

第二类为空间介词离原型场景较远的隐喻义,包括 19 题、39 题、45 题和 65 题。三位教师的具体答案如下:19 题 1 人次填写 with,1 人次填写 by,1 人次填写 under,0 人次填写 on;39 题 2 人次填写 by,1 人次填写 with,0 人次填写 on;45 题 2 人次填写 with,1 人次填写 for,0 人次填写 under;65 题 3 人次填写 in,0 人次填写 under。

学生中,成绩最好的是英语专业三年级,平均得分 53.9。教师平均得分 60.3,高于学生得分,但作为知识传授者,该得分略显偏低。测试结束后,一位教师说:“估计分数不会太高,我以前还真没注意这些词的用法。”另外两位教师也表达了类似观点。

测试结束后,分别对三位教师进行了单独访谈,具体访谈内容整理如下①。

Ⅰ:目前,学生普遍反映自己的词汇量较小,您怎样看待这一问题?

S_1:学生词汇量确实比较小。在做阅读题的时候,好多学生都反映看不懂,说明他们词汇量不够。造成这一问题的原因是多方面的,与社会环境有很大关系。部分学生根本不想学习,课下忙其他事情,很少看书。这造成他们平时积累不够,词汇量很难提高。

S_2:学生词汇量较小,这是客观事实。我认为,至少三方面的原因导致其词汇量不足:第一,高中阶段词汇量偏小,没有打好基础,大部分学生只掌握了所学词汇的中文含义,并没有掌握其实际用法,更没有形成英语思维能力。第二,学生缺乏学习词汇的正确策略。大部分学生只会死记硬背,并缺乏同遗忘做斗争的能力和方法。第三,学生的惰性也是造成他们词汇量偏小的原因之一。

S_3:我们要辩证地看这个问题。学生的词汇量与英语母语者比,那一定是小,而且差距很大。教育部下发了《大学英语课程教学要求》,这里面规定学生需要认读大约 5 500 个词汇或短语,能够使用其中的 2 000 个词汇②。大部分学生能够达到这个要求。好多学生四六级考试分数都挺高的。

Ⅰ:您认为采取什么办法提高学生的词汇量最为有效?

S_1:刚入学阶段,我建议学生多读一些简写版的英美文学名著,《书虫》系列那套书就很不错,并且要求他们写读书报告。坚持一段时间以后,我建议他们坚持用英语写日记和作文。这些都是我对学生的建议,但实际教学中我并不强制他们去做。

S_2:按照英语发音规律,用英语思维,在具体语境中背诵单词,并且经常复习。这样就能更好地记忆词汇。

S_3:多听、多写、多看、多记是提高词汇量的关键。学生可以多看一些适合自

① 访谈材料中,I 代表研究者,S_1、S_2、S_3 分别代表三位教师。

② 教育部下发的《大学英语课程教学要求》规定,一般要求为学生掌握 4 795 个单词和 700 个词组,包括中学应掌握的词汇,熟练运用其中的 2 000 个单词。

己现在水平的英语读物，在阅读过程中逐渐积累词汇量。

I：您课上是否讲解词汇，如何讲解？

S_1：偶尔讲解词汇。遇到高频词或搭配比较特殊的词，我一般都会重点讲解。现在的教材都配有课件，课件中对单词讲解得很详细。看完课件以后，我会找出高频词和一些固定搭配，在课堂上讲解。

S_2：讲解词汇。上课时，先领读词汇，纠正学生的发音，力争使其发音正确。讲解词汇时，辅以具体语境和例子，以加深学生的理解。课下设计一些"任务"让他们完成，并自然习得词汇。再上课时，对学生完成的任务加以点评，给予足够的反馈。另外，定期测试学生的词汇，督促他们课下努力学习。

S_3：课上讲解词汇，但词汇学习不是课堂讲解的重点。讲词汇时，我读单词，学生跟读，然后找学生自己读，必要时纠正学生发音。主要讲解一些特殊单词的用法。比如对一些固定搭配、一些词形或词义易混的单词，予以重点强调。

I：英语可分为名词、动词、形容词、副词、介词、连词、冠词、感叹词等词类。您认为在英语学习中，这些词类是否同等重要？如果不是，您认为哪些更重要？

S_1：动词和形容词最重要。这两类词搭配多，变化形式（词形变化）多。

S_2：不是同等重要。动词、形容词、副词、介词、连词更重要。学生掌握这些词难度更大。

S_3：这些词类都重要，但我在讲课时会多讲动词。英语和汉语不一样，汉语动词本身没有时态、人称、数量和语态的变化，英语要靠动词变化表示这些语法特征。对中国学生来说，掌握动词的各种变化比较困难。

I：您认为学生能够正确使用介词吗？如果不能，在您的观察中，他们都存在哪些问题？

S_1：大部分学生能够掌握介词的基本义。但不清楚哪些介词可以和哪些动词搭配，以及同一动词与不同介词搭配时的具体差异。

S_2：我认为我教的班级中，大部分学生能够掌握介词的常用用法。

S_3：在我的观察中，学生可以掌握介词的基本义和一些常用的固定搭配。介词虽然看起来容易，真正用起来很难。一个介词可以和好多动词搭配，每种搭配的意思都有差异，学生不可能掌握所有用法，只要知道常用用法就足够了。

分析以上访谈内容，三位教师的观点有同有异。他们都认为学生应该提高词汇量，但其中一人认为大部分学生的词汇量已达到"大纲"的要求；都认为提高词汇量的办法是多读英美著作，其中一人更强调培养英语思维能力；课堂都讲解词汇，词汇讲解都以读音和词语搭配为主，其中一人仅偶尔讲解，一人课堂讲解辅以词汇抽查；都认为动词重要，两人认为除动词外，其他一些词也重要；都认为学生能够掌握介词的基本义和一些常用用法。

从试卷测试结果看，教师也没有完全掌握介词的用法；从访谈看，教师基本了解学生介词掌握的情况，都认为学生仅掌握介词的基本义和一些常用用法。那么，教学中他们为什么没有组织专题讲座，提高自己和学生使用介词的水平呢？

教育部高等教育司（2007）颁布的《大学英语课程教学要求》以及高等学校外语专业

教学指导委员会英语组(2000)发布的《高等学校英语专业英语教学大纲》分别是各高校组织非英语专业和英语专业英语教学的依据。两个文件都规定了学生应掌握的词汇量。《大学英语课程教学要求》规定,大学阶段的英语教学要求分为三个层次:一般要求、较高要求和更高要求。其中,一般要求规定,学生应掌握4 795个单词和700个词组(含中学应掌握的词汇),熟练运用2 000个单词。《高等学校英语专业英语教学大纲》规定的词汇量要高于《大学英语课程教学要求》的词汇量。介词in,on,over,above,under,below都属《大学英语课程教学要求》中的一般要求词汇,英语专业和非英语专业的学生都应该掌握。

学生在中学阶段就已经学习了这六个空间介词。当时学生英语水平还较低,通常情况下,教师只讲解介词的基本义。大学阶段,教师按照《大学英语课程教学要求》和《高等学校英语专业英语教学大纲》组织教学。但"要求"或"大纲"只指出了需要掌握的词汇,并没具体指明需要掌握词汇的哪些用法。这就导致教师很容易忽略这些中学阶段已经学过的、看似简单的词汇。

介词多为多义词,语义较复杂。由于"大纲"或"要求"没有具体阐明学生需要掌握哪些义项,教师不易掌握教学的深度,即使教师发现学生掌握介词情况不理想,也很难断定学生目前掌握的介词用法是否达到"大纲"的要求。这些就是影响学生英语空间介词习得的教师和教学原因之一。

访谈中还了解到,教师隐约觉察到学生英语习得不好的原因是运用汉语思维模式学习英语。他们多次提到希望学生养成英语思维的习惯,但给出的建议仅仅是多说、多读、多写、多背。实际上,教师把建立英语思维模式的任务留给了学生。这似乎说明,教师也没有一套很好的办法,能够尽快地培养学生用英语思维,并建立一套接近英语母语者的空间认知方式。

需要说明的是,不仅仅这三位教师不清楚具体用什么办法培养学生英语思维,截至目前,二语教学界还没有找到这样一套合适的办法,用以培养学生英语思维能力。这应该是二语习得今后研究的重点之一。

第二节　学生因素

社会语言学把语言看作异质有序的系统,着重考察语言与社会结构的共变关系、因果关系。它以语言结构、功能及其相互关系作为研究本体,考察各类社会因素对语言结构和语言功能发展变化的影响,以及语言因素对社会的作用(王远新,1994、2006)。在这种语言观的指导下,人们探讨影响语言使用的社会因素。截至目前,获得公认的影响语言的社会因素主要包括语言使用者的性别(sex)、社会阶层(social status)、年龄(age)、民族(ethnicity)以及讲话风格或语域(style)等(Fasold,2000)。作为语言活动的一部分,语言习得(尤其是二语习得)同样受习得者社会因素的影响。

国内的二语习得主要以学校学习为主,通常情况下,学校的二语习得者同质性较高:他们同属学生阶层,多数情况下具有相同的民族成分。在这种情况下,学习者的性别便成为研究学习者社会因素对二语习得影响的主要方面。相同专业的学生接受相同的教育,经常生活在一起，形成特定的群体，专业也就成为学生的重要社会属性之一。以下将分别探讨学生性别、专业对英语空间介词习得的影响。另外，国内外的研究结果表明，二语习得存在石化（fossilization）现象。以下也将探讨受试者的二语习得是否存在石化现象。

一、性别与英语介词偏误

本节采用数据统计软件SPSS17.0检验受试者英语空间介词习得与其性别的关系，探讨男女学生英语介词偏误的异同。

1. 二语习得性别差异研究简述

中外学者从不同角度研究了二语习得中的性别差异。综合来看，这些研究可分为三类：一是研究二语习得成绩与学习者性别之间的关系；二是研究二语习得者的其他因素（包括学习策略、动机等）与性别的关系；三是研究二语使用与性别的关系。

在二语习得成绩与性别的关系方面，不同研究取得的结论较为一致。多数研究（于学勇，2005；雷新勇，2007）认为，女性的二语习得成绩优于男性，但在英语学习的某些单项上，却有不同观点。张萍等（2002）以102名非英语专业硕士生为研究对象，调查性别与英语词汇成绩间的关系。结果表明，二者不存在相关性。马广惠（2001）以133名理工科大学生为研究对象，调查非英语专业大学生词汇水平的性别差异。结果显示，女生的词汇水平显著高于男生，这种差异在中级词汇水平上最为突出。

影响二语习得者因素中的其他因素与性别关系的研究成果较多。文秋芳和王立非（2004）认为，学习者个人因素大致可分为三类：先天因素（智力、语能性别等）、后天因素（学习动机、学习策略等）、先天和后天混合因素（学习风格、性格类型等）。性别与其他因素相互作用，共同影响二语习得。在这些方面，几乎每一个因素与性别的关系都有研究，但研究结论有同有异。高一虹等人（2003）的研究表明，二语习得显著影响学习者的自我认同变化。在自信心、生产性和附加性变化方面，女性显著大于男性；在消减性、分裂性和零变化方面，男性显著大于女性。Oxford和Nyikos（1989）研究美国大学的二语习得者发现，学习者的学习策略存在显著的性别差异。李炯英（2002）的研究表明，中国二语习得者的学习策略不存在显著差异。潘华凌和陈志杰（2007）的研究显示，学习效能感的性别差异随学生专业不同而发生变化：师范类男生与女生间的学习效能感差异不明显；非师范类男、女生的学习效能感差异显著，女生学习效能感明显高于男生。袁凤识和肖德法（2003）研究了515名非英语专业学生，认为男女生在寻求帮助和学习取向两方面存在显著差异。通常男性的自信心更强，女性更乐于求助他人。

研究者不仅关注课堂二语习得中的性别差异，还关注二语运用中的性别差异。陈立平等人（2005）从大学学习者英语口语语料库中抽取男女各21个样本，研究非英语专业男女大学生在自我修正和修正标记语使用上的差异。结果显示，男生的隐性修正行为多于女生，但二者无显著差异；女生的显性修正行为和修正标记语显著多于男生。甄凤超（2010）的研究表明，中国英语学习者会话中使用反馈语不存在显著差异。李萍等人（2006）的研究显示，性别差异不影响中国学生抱怨话语的严厉程度。

由上可见,学者们就二语习得中的性别差异做了大量的研究,取得了丰富成果。但针对二语词汇习得中性别差异的研究较少,仅一篇文章,尚无针对英语空间介词习得中性别差异的研究。本研究以普通本科学生为对象,探讨学生性别与英语空间介词习得的关系。

2. 研究过程

首先统计测试卷中每位受试者的正确频次①,然后将正确频次和受试者性别信息分别输入计算机。此处的研究变量为受试者性别,应排除其他因素(主要是受试者英语水平)对研究结果的影响。考虑到这一点,把受试者分为非英语专业一年级、英语专业一年级、英语专业三年级三组,分别做独立样本 T 检验(T-independent test),研究性别与空间介词习得的关系。

做独立样本 T 检验的前提是样本符合正态分布。第一步是用数据统计软件 SPSS17.0检验学生英语空间介词正确频次是否符合正态分布。首先打开分析(analyze)菜单,选择描述统计(descriptive statistics)中的探索(explore)菜单,把需要统计的量放入因变量列表(dependent list)中,然后打开绘制(plots)按钮,勾选带检验的正态图(normality plots with tests),先后点击继续(continue)按钮和确定(OK)按钮,计算机输出统计数据。结果见表 6-1。

表 6-1　空间介词正确频次的正态分布检验②

	非英语专业一年级			英语专业一年级			英语专业三年级		
	男生 N=45	女生 N=61	全体 N=106	男生 N=8	女生 N=18	全体 N=26	男生 N=6	女生 N=20	全体 N=26
统计量	0.979	0.976	0.989	0.966	0.955	0.960	0.929	0.967	0.967
df.	45	61	106	8	18	26	6	20	26
Sig.	0.574	0.275	0.514	0.862	0.515	0.387	0.570	0.685	0.552

数据显示,检验结果中的 Sig. 值都大于 0.05,因此,拒绝原假设(数据不符合正态分布),表明各组数据符合正态分布,可以对数据进行独立样本 T 检验。

接下来将学生的性别和空间介词的正确频次输入计算机,检验二者间的关系。首先打开分析(analyze)菜单,选择比较均值(compare means)中的独立样本 T 检验(independent-samples T test)菜单,把频次放入检验变量栏(test variable),性别放入分组变量栏(grouping variable),然后点击确定(OK)按钮,计算机输出统计数据。

3. 研究结论

用数据统计软件 SPSS17.0 检验学生性别与空间介词正确频次间的关系,结果

① 此处是以 101 为基数(即 Tyler & Evans 的语义网络)统计获得的频次。

② 此处样本含量在 3 至 2 000 之间,因此采用的是 Shapiro-Wilk 检验。

见表6-2。

表6-2 空间介词正确频次的性别差异

		均值	标准差	方差齐次检验		均值方差 t 检验				
				F	Sig.	t	df.	Sig.（双尾）	95%置信区间 下限	95%置信区间 上限
非专业一年级	男（N=45）	34.2	6.227	0.063	0.803	0.347	92.837	0.729	-1.956	2.791
	女（N=61）	33.7	5.989							
专业一年级	男（N=8）	38.6	4.033	0.269	0.609	0.037	17.293	0.971	-3.894	4.033
	女（N=18）	38.6	5.204							
专业三年级	男（N=6）	52.8	4.997	1.463	0.238	-0.553	11.429	0.591	-7.028	4.195
	女（N=20）	54.3	6.927							

数据显示，非英语专业男生正确频次的均值为34.2，女生的均值为33.7；英语专业一年级男女生均值相等，为38.6；英语专业三年级男生的均值为52.8，女生的均值为54.3。非英语专业男生的标准差最大（6.227），说明非英语专业男生内部掌握介词情况的差异最明显。相应地，英语专业一年级男生的标准差最小（4.033），说明英语专业男生内部掌握介词情况的差异最小。各组中男女生T检验的概率值分别为0.729、0.971、0.591，均远大于临界值0.05。这说明，各组中男女学生习得英语空间介词不存在显著的性别差异。

此结论与Farhady（1982）及张萍等（2002）的研究结果一致，与马广惠（2001）的结果不同。仔细观察发现，马广惠考察的是全国大学英语四级考试（简称英语四级）范围内的词，并且仅英语四级大纲规定的中级词汇差异明显。中国学生很早就接触空间介词，但一般教材只介绍介词的原型意义，很少涉及其隐喻义。大部分学生不了解空间介词的隐喻义，不熟悉原型意义以外的用法，还处于介词习得的初级阶段。据此，我们就很容易理解男女学生掌握空间介词没有显著差异这种现象。

二、学习时间与介词偏误

人们通常认为，二语能力会随第二语言学习时间的增加而增长。但已有研究发现，二语习得过程中会出现石化现象，即学习者母语的语言项目、语法规则和系统性的知识保留在与目的语相关的中介语中，并趋于固定，年龄的增长和学习量的变化几乎不改变这种倾向（赵萱，2006）。国内学者研究表明，中国学生英语学习中存在石化现象。李巧兰（2004）的研究显示，中国大学生习得话语标记语存在石化现象。高云和朱景梅（2005）的研究表明，中国学生在冠词及系动词的使用上存在石化现象。骆雪娟（2005）和李佳、蔡金亭（2008）的研究表明，高水平学习者较少受母语空间范畴的影响，空间介词语义的习得与英语知识同步发展；马书红（2005，2007）的研究表明，外语学习者英语空间介词语义的习得与整体英语语言能力的提高不同步。那么，中国学生空间介词习得过程中是否存在石化现象呢？本节将对比非英语专业一年级、英语专业一年级、英语专业三年级学生习得英语空间介词的差异，探讨介词习得是否随二语学习时间的增加而提高。

探讨介词习得的性别差异时已验证，各专业学生填写介词的正确频次符合正态分布。这里直接对其进行单因素方差分析（one-way ANOVA）。把数据输入计算机后，打开分析（analyze）菜单，选择比较均值（compare means）中的单因素 ANOVA（one-way ANOVA）菜单；把频次放入因变量列表（dependent list），年级放入因子栏（factor）；点击两两比较按钮（post hoc），勾选 scheffe 选项，点击继续（continue）按钮，回到上一个对话框；点击选项（options）按钮，勾选描述（descriptive）选项，点击继续（continue）按钮，回到上一个对话框；最后点击确定（OK）按钮，计算机输出统计数据。结果见表 6-3。

表 6-3　不同年级空间介词正确频次

	最大值	最小值	均值	标准差	均值 95% 置信区间		F 值	Sig.
					下限	上限		
非英语专业一年级	47	18	33.9	6.065	32.747	35.083	118.311	0.000
英语专业一年级	50	26	38.6	4.793	36.641	40.513		
英语专业三年级	69	44	53.9	6.468	51.311	56.536		

数据显示，非英语专业一年级学生正确率最大值为 47 次，最小值为 18 次，平均正确频次 33.9；英语专业一年级正确率最高 50 次，最低 26 次，平均正确频次 38.6；英语专业三年级正确率最高 69 次，最低 44 次，平均正确频次 53.9。英语专业一年级的标准差最小，为4.793，表明英语专业一年级学生内部习得英语空间介词的差异最少，即学生的得分比较平均。三个班级空间介词正确频次的单因素方差概率值（Sig）为 0.000，说明三个班级空间介词习得存在显著差异。

为弄清英语空间介词习得两两班级之间是否都存在差异，观察谢菲检验（scheffe）的结果，见表 6-4。

表 6-4　空间介词正确频次的年级差异

（I）班级	（J）班级	均值差（I-J）	标准误	显著性	95% 置信区间	
					下限	上限
非英语专业一年级	英语专业一年级	-4.662	1.302	0.002	-7.879	-1.445
	英语专业三年级	-20.008	1.302	0.000	-23.225	-16.791
英语专业一年级	非英语专业一年级	4.662	1.302	0.002	1.445	7.879
	英语专业三年级	-15.346	1.649	0.000	-19.423	-11.269
英语专业三年级	非英语专业一年级	20.008	1.302	0.000	16.791	23.225
	英语专业一年级	15.346	1.649	0.000	11.269	19.423

谢菲检验显示，非英语专业一年级学生平均正确频次比英语专业一年级低 4.662 次，

二者显著性概率值为 0.002；比英语专业三年级低 20.008 次，二者显著性概率值为 0.000。英语专业一年级平均正确频次比英语专业三年级低 15.346 次，二者显著性概率值为 0.000。三个班级间两两比较的概率值均低于 0.05，说明两两间都存在显著差异。

以上研究表明，在目前阶段，受试者英语空间介词的习得没有出现石化现象，随着学习时间的增加，学生应用空间介词的正确率逐渐提高。

三、专业与介词偏误

本研究选取的三组研究对象中，非英语专业一年级学生人数较多。他们所学专业不同，思考问题的方法及角度也会存在差异。虽然所学英语课程相同，但专业差异可能影响其学习英语的策略、动机、自信心等，进而影响英语学习。英语专业两个教学班学生人数较少，且同质性较高。因此，本节检验非英语专业一年级文理学生习得空间介词是否存在差异，分析学生所学专业与英语空间介词习得是否存在相关性。

国内外一些学者已注意到专业影响学生二语习得的策略及成绩。Farhady（1982）的研究显示，不同专业美国大学生同步习得第二语言过程中，在阅读、语法、语言应用等方面存在显著差异。国内也有学者关注不同专业学生习得英语的异同。吴莎和欧阳偶春（2008）的研究表明，文理科学生的英语学习策略存在显著差异。程艳琴（2010）等认为，文理学生在英语课堂表现、学习动机等方面存在显著差异。目前国内尚缺乏文理科学生英语词汇（尤其是空间介词）学习方面是否存在差异的研究。本节将利用数据统计软件 SPSS17.0 对文理科学生英语空间介词正确频次进行独立样本 T 检验，以验证文理科学生英语空间介词习得是否存在差异。

检验过程与检验空间介词习得性别差异一致，不赘述。正态分布检验结果显示，文科、理科、非英语专业学生正确频次的 shapiro-wilk 概率值分别为 0.757，0.457 和 0.387，数据符合正态分布，对其进行独立样本 T 检验，结果见表 6-5。

表 6-5　空间介词正确频次的专业差异

	均值	标准差	方差齐次检验		均值方差 t 检验				
			F	Sig.	t	df.	Sig（双尾）	95% 置信区间	
								下限	上限
文科（N=56）	32.9	5.425	2.699	0.103	-1.738	95.144	0.085	-2.054	1.181
理科（N=50）	35.0	6.596							

数据显示，文科学生的平均正确频次为 32.9，理科学生为 35.0，理科学生好于文科学生。T 检验结果显示，二者的概率值为 0.085，大于临界值 0.05，这说明文理科学生英语空间习得情况不存在显著差异。也就是说，学生所学专业不是影响其英语空间介词习得的主要因素。

第三节　学生因素再探讨

由上一节分析得知，性别和所学专业都不是影响学生英语空间介词的主要因素。那么，后天因素是否影响学生英语空间介词习得？如果影响，哪些因素影响较大，哪些影响较小？为了弄清这个问题，首先在中央民族大学做试调查，以确定影响介词习得的因素；然后编制调查问卷；接着，从参加空间介词测试的学生中，挑选习得较好和习得欠佳的各15名学生做问卷调查；最后，统计调查问卷，分析后天因素对空间介词习得的影响。

一、调查问卷的编制

选择中央民族大学语言学及应用语言学专业两名硕士研究生做试调查的受试者。其中一人毕业于天津外国语大学英语专业（本科），曾参加英语专业八级考试，成绩为68分；另一人毕业于大连民族大学汉语专业（本科），曾参加全国大学公共英语六级考试，成绩450分。选择英语专业和非英语专业各一名受试者进行预调查，可以更好地兼顾不同英语水平受试者的差异。

受试者被要求当场完成试卷测试。测试过程中，鼓励受试者开口说话，要求她们尽量边做题边说出做题过程中的想法，调查员在一旁随时记录。测试完成后，再做一次深入访谈，要求受试者解释其填写这些词语的原因。测试及访谈都采用一对一的方式进行（具体访谈材料见附录二）。希望通过这种办法，了解受试者应用空间介词时的思维活动。

分析访谈记录发现，两名受试者重复最多的是“固定用法（固定搭配）”“好像见过……用法”“记不清了”。经常说“固定用法（固定搭配）”，可能与学习策略有关，似乎只使用记忆策略。由“好像见过……用法”“记不清了”推测，学习兴趣和学习的努力程度应该是影响介词习得的因素。学习兴趣越高，学习越努力，学生出现“记不清”的概率越少，介词习得就越好。另外，学习动机，学英语的时间，对学校、教师、英语教学的看法等都会影响学生的学习努力度和学习的持续性，间接影响介词习得。基于以上分析，本研究设计了由20道题组成英语空间介词习得调查问卷（见附录三）。这些题目分为四部分：对英语及英语学习的主观态度、英语学习外部条件①、英语学习努力程度，以及英语词汇学习专项调查。

二、受试者选择

从华北理工大学接受本研究介词测试的班级选择受试者。按空间介词测试成绩②，将非英语专业一年级、英语专业一年级、英语专业三年级的受试者分别排序，选出每班测试的前五名和后五名，共30人做问卷调查的受试者③。非英语专业较好组的空间介词测

---

① 此处的外部条件，指为了学习英语，学习者及家长人为创造的条件。

② 此处是以101为基数（即 Tyler & Evans 的语义网络）统计获得的成绩。

③ 上一节的研究结果显示，非英语专业文理科学生英语空间介词习得不存在显著差异，因此，选取调查对象时，非英语专业作为一个班级看待。研究结果还显示，性别与英语空间介词习得的影响不明显，因此，抽取调查对象时不考虑性别因素。另外，若遇到多名学生成绩相同的情况，以随机抽取方式确定调查对象。

试成绩在44分至47分之间,欠佳组在18分至24分之间①;英语专业一年级较好组在42分至50分之间,欠佳组在26分至35分之间;英语专业三年级较好组在59分至69分之间②,欠佳组在44分至47分之间。调查采用一对一方式,即调查员逐题询问,受试者回答,再由调查员圈选或填写。同时,调查员记下受试者对调查的一些感想或评论。若遇到较有价值的信息,调查员对受试者进行深入访谈。

三、主观态度

(1)您是否喜欢学习英语?

英语空间介词习得较好组(以下简称较好组):"喜欢"11人次,"一般"4人次。

英语空间介词习得欠佳组(以下简称欠佳组):"喜欢"1人次,"一般"8人次,"不喜欢"6人次。

数据显示,较好组学习英语的主观态度比欠佳组更为积极。

(2)和本班同学相比,您认为自己的英语水平怎样?

较好组:1人次选择"很高",6人次选择"中上游",8人次选择"一般"。

欠佳组:3人次选择"中上游",6人次选择"一般",3人次选择"很差"。

数据显示,较好组学英语的自信心比欠佳组更强。此结论与第5题结论一致。

(3)您现在对英语学习的态度是什么?

较好组:"很感兴趣,但不知该怎样学"7人次,"只是一门普通的课程,没什么特殊感觉"5人次,"很感兴趣,能在学习中找到乐趣"3人次。

欠佳组:"很感兴趣,但不知该怎样学"6人次,"只是一门普通的课程,没什么特殊感觉"以及"没有兴趣,但又不能不学"各3人次,"很感兴趣,能在学习中找到乐趣"1人次。

一个值得注意的数据是,较好组和欠佳组分别有7人次和6人次对英语感兴趣,但不知道怎样学习。访谈中较好组一位受试者表示:"我很想学英语,也知道英语有用,就是不知道怎么学。我觉得自己学习够努力了,大部分课下时间都在学英语。现在我的成绩还算可以吧,但不能总是这样学呀,以后专业课多了,就没这么多时间学英语了,真不知以后怎么办。"

较好组和欠佳组均有近一半的受试者不知道怎样学英语,这也许是受试者空间介词习得不理想的原因之一。由此看来,英语教师在完成英语教学的同时,应传授学生学习英语的方法和策略,使学生保持学习英语的积极性。

较好组共10人次对英语感兴趣(3人次"很感兴趣,能在学习中找到乐趣",7人次"很感兴趣,但不知该怎样学"),欠好组共7人次对英语感兴趣(1人次"很感兴趣,能在学习中找到乐趣",6人次"很感兴趣,但不知该怎样学"),较好组学习英语的兴趣稍好于欠佳组,此题结论与第1题一致。

(4)您学习英语最主要的动力是什么?(可多选)

---

① 5人的测试成绩同为24分,本研究从中随机抽取了2人作为调查对象。

② 两人的测试成绩同为59分,本研究从中随机抽取了一人作为调查对象。

较好组:“获得英语等级证书 & 不辜负家长的期待”[1]“获得英语等级证书 & 考研或留学 & 不辜负家长的期待”各 3 人次,“通过课程考试,获得学分 & 获得英语等级证书 & 考研或留学”2 人次,“获得英语等级证书”“对英美文化感兴趣”“获得英语等级证书 & 不辜负家长的期待”“不辜负家长的期待 & 其他(找个好工作)”“通过课程考试,获得学分 & 获得英语等级证书 & 不辜负家长的期待”“通过课程考试,获得学分 & 获得英语等级证书 & 对英美文化感兴趣”“通过课程考试,获得学分 & 考研或留学 & 对英美文化感兴趣”各 1 人次。分解多选项,11 人次选择“获得英语等级证书”,9 人次选择“不辜负家长的期待”,7 人次选择“考研或留学”,5 人次选择“通过课程考试,获得学分”,3 人次选择“对英美文化感兴趣”,1 人次选择“其他(找个好工作)”。

欠佳组:“获得英语等级证书 & 不辜负家长的期待”3 人次,“通过课程考试,获得学分”“获得英语等级证书”“对英美文化感兴趣”各 2 人次,“不辜负家长的期待”“通过课程考试,获得学分 & 获得英语等级证书”“通过课程考试,获得学分 & 不辜负家长的期待”“通过课程考试,获得学分 & 获得英语等级证书 & 考研或留学”“通过课程考试,获得学分 & 获得英语等级证书 & 不辜负家长的期待”“通过课程考试,获得学分 & 考研或留学 & 不辜负家长的期待”各 1 人次。分解多选项,8 人次选择“获得英语等级证书”,各有 7 人次选择“通过课程考试,获得学分”和“不辜负家长的期待”,2 人次选择“对英美文化感兴趣”。具体情况见表 6-6。

表 6-6　学习英语主要的动力(单位:人次)

	获得英语等级证书	不辜负家长的期待	考研或留学	通过课程考试,获得学分	对英美文化感兴趣	其他
较好组	11	9	7	5	3	1
欠佳组	8	7	0	7	2	0

数据显示,受试者学习英语的动机主要以工具性动机为主。较好组共选择 36 项动机,欠佳组 24 项动机,说明较好组学习英语的动机更强。

(5)您认为阻碍您英语水平继续提高的最大障碍是什么?(可多选)

较好组:“缺乏学习英语的环境”8 人次,“缺乏学习英语的环境 & 专业课任务重,没有时间学习英语”“缺乏学习英语的环境 & 教学安排不合理”各 2 人次,“没有障碍”“缺乏学习英语的环境 & 缺乏学习语言的天分”“缺乏学习英语的环境 & 年龄大了,记忆力不如以前了”各 1 人次。分解多选择项,“缺乏学习英语的环境”14 人次,“专业课任务重,没有时间学习英语”“教学安排不合理”各 2 人次,“缺乏学习语言的天分”“年龄大了,记忆力不如以前了”“没有障碍”各 1 人次。

欠佳组:“缺乏学习英语的环境”5 人次,“没人辅导”“学习英语没有用,不想学”“缺乏学习英语的环境 & 缺乏学习语言的天分”“缺乏学习英语的环境 & 年龄大了,记忆力不如以前了”“缺乏学习英语的环境 & 学习英语没有用,不想学”“缺乏学习语言的天分 & 学习英语没有用,不想学”“年龄大了,记忆力不如以前了 & 其他(英语基础不扎实)”“缺

[1] “获得英语等级证书 & 不辜负家长的期待”表示受试者同时选择“获得英语等级证书”和“不辜负家长的期待”。下同。

乏学习英语的环境 & 缺乏学习语言的天分 & 年龄大了,记忆力不如以前了”“缺乏学习英语的环境 & 缺乏学习语言的天分和 & 教学安排不合理 & 教师教学方法不当”各 1 人次。分解多选项,“缺乏学习英语的环境”13 人次,“缺乏学习语言的天分”5 人次,“年龄大了,记忆力不如以前了”3 人次,“学习英语没有用,不想学”“教学安排不合理”“教师教学方法不当”各 2 人次,“没人辅导”“其他(英语基础不扎实)”各 1 人次。具体情况见表 6-7。

表 6-7 阻碍继续提高的障碍(单位:人次)

	较好组	欠佳组
缺乏学习英语的环境	14	13
缺乏学习语言的天分	1	5
年龄大了,记忆力不如以前了	1	3
学习英语没有用,不想学	0	2
教学安排不合理	2	2
教师教学方法不当	0	2
没人辅导	0	1
专业课任务重,没有时间学习英语	2	0
没有障碍	1	0
其他	0	1

27 名受试者选择“缺乏学习英语的环境”,与以下的 7 题、8 题、9 题结论一致。“缺乏学习英语的环境”这一事实,可较好地解释英语空间介词习得不理想。

受试者均为本科生,年龄相近。较好组 1 人次、欠佳组 3 人次选择“年龄大了,记忆力不如以前了”。访谈得知,他们的年龄并不大(19 岁到 22 岁)。之所以选择这一项,是因为他们认为自己并不比同学笨,学习也足够努力,但英语水平不如他人,唯一可能的原因就是自己比别人老了。

较好组 5 人次、欠佳组 3 人次选择“缺乏学习语言的天分”。此题结论与第 2 题一致,表明较好组比欠佳组学英语的自信心更强。

四、外部条件

(6)您从什么时候(________岁________年级)开始系统学习英语?

较好组:1 人次填四年级(小学),14 人次填七年级(初中)。

欠佳组:2 人次填四年级(小学),13 人次填七年级(初中)。

两组间不存在明显差异。

(7)您现在是否参加课外英语培训?

数据表明,所有学生都没有参加课外英语培训。访谈学生得知,学校周围的培训机构大多针对考研英语辅导,几乎没有适合他们的培训课程。学生认为那样的辅导主要针对考试,不能从根本上提高英语水平;并且他们距离考研的时间还很远,没必要现在参加辅导。

(8)你现在是否从事有关英语的兼职?

较好组 14 人次没有兼职,1 人次每周 10 小时英语家教;欠佳组 14 人次没有兼职,1

人次每周 4 小时英语家教。

从事家教的两人均为英语专业大三学生。当被问及英语家教是否有助于提高英语水平时，较好组的受试者抱怨说："说实在话，我感觉我现在做的不是家教，是保姆。我带的是一名四年级学生。小学生放学很早。他父母不放心孩子自己回家，就请我每天去做两小时家教。周一到周五的每天下午，我把孩子从学校接回家，这就需要半小时了。孩子的父母对我是否教孩子学英语好像并不在意，似乎只要我每天把孩子平安接到家，他们就很满足了。他们从来没和我交流过孩子英语学习的情况。"

欠佳组的受试者被问及同一问题时说："我是在教我表姐家的孩子，也就是我的外甥。我外甥刚上小学一年级，还没正式学英语呢。我表姐希望他提前打好英语基础，叫我每周六上午去她家教孩子英语。孩子现在从字母学起，这些东西太简单了，我感觉对提高我的英语没帮助。"

(9)您的朋友(包括 QQ 好友、MSN 朋友等)中是否有以英语为母语的人？

较好组 14 人次选择"没有"，1 人次选择"有"；欠佳组 13 人次选择"没有"，2 人次选择"有"。

(10)您是否经常和他们用英语交流？(9 题选择"没有"的不回答此题)

较好组 1 人次偶尔用英语交流，每周大约 2 至 3 小时；欠佳组 1 人次偶尔用英语交流，每周大约 2 小时，1 人次从不用英语交流(此人正从事对外汉语家教)。

7 题到 10 题的结论，进一步证实了 5 题学生讲的"缺乏学习英语的环境"的事实。

五、努力程度

(11)您现在经常去英语角吗？

较好组：11 人次从来不去；4 人次去，每周大约去 4 至 8 小时。

欠佳组：13 人次从来不去；2 人次去，大约每周去 6 至 8 小时。

上面提到，学生抱怨"缺乏学习英语的环境"，但又不愿意去英语角，二者似乎矛盾。一位英语专业三年级学生说："英语角里的人大部分口语水平都不如我，我去英语角相当于免费教他们口语，对自己没什么提高，所以我不去。"另一位非英语专业一年级的学生说："我就会那几句英语，见面打完招呼就不知道说什么了。其他人的水平也就那样，说不了几句就改成汉语了，去那根本不能提高英语。"

(12)您是否喜欢英语课外读物，是否经常阅读英语读物？

较好组：8 人次选择"一般，偶尔看看"，每周约二至四小时；3 人次选择"喜欢，但现在没有时间或没有条件看"；2 人次选择"非常喜欢"，大约每周六到十小时；1 人次选择"不喜欢，也从来不看"。

欠佳组：6 人次选择"一般，偶尔看看"，大约每周一至四小时；6 人次选择"不喜欢，也从来不看"；2 人次选择"喜欢，但现在没有时间或没有条件看"；1 人次选择"非常喜欢"，每周大约花六小时阅读。

较好组喜欢英语课外读物的人数多于欠佳组，进一步佐证了较好组学习英语的兴趣更浓。较好组经常或偶尔阅读英语读物的人数高于欠佳组，说明较好组学习英语更努力。

(13)除以上学习方式外，您课下是否自学英语？

较好组："有学习计划，但不能完全遵照"6 人次；"偶尔学习"5 人次，大多表示在考试前学习；"编制好学习计划，坚持按照计划学习"4 人次。

欠佳组："偶尔学习"11 人次，大多表示在考试前学习；"有学习计划，但不能完全遵照"2 人次；"仅完成老师留的作业""编制好学习计划，坚持按照计划学习"各 1 人次。

数据显示，较好组的大部分受试者有学习计划，部分能够坚持按计划学习；欠佳组的大部分受试者仅考前突击学习。访谈中，一位欠佳组的受试者说："平时我很少学英语，也不知道怎么学。到了要期末考试或四(六)级考试的时候，我就背背单词，做做练习，一般这样就过关了。"

(14)您每周大约学习多少小时英语？(13 题选择"从不学习"或"仅完成老师留的作业"的，不回答此题)

较好组：20 小时、10 小时、7 小时、6 小时、4 小时各 2 人次，30 小时、8 小时、5 小时、3 小时各 1 人次。

欠佳组：5 小时 8 人次，2 小时 2 人次，10 小时、7 小时、6 小时、1 小时各 1 人次。

总体来看，较好组学习英语的时间长于欠佳组。

(15)您课下都采用哪种方式自学英语？(可多选，13 题选择"从不学习"或"仅完成老师留的作业"的，不回答此题)

较好组："背诵词汇 & 做模拟考题 & 听英语听力 & 阅读英语文章"3 人次，"背诵词汇""背诵词汇 & 阅读英语文章""背诵词汇 & 做模拟考题 & 听英语听力""背诵词汇 & 听英语听力 & 阅读英语文章"各 2 人次，"做模拟考题""背诵词汇 & 做模拟考题""背诵词汇 & 听英语听力""背诵词汇 & 做模拟考题 & 阅读英语文章"各 1 人次。分解多选项，"背诵词汇"14 人次，"做模拟考题""听英语听力""阅读英语文章"各 8 人次。

欠佳组："阅读英语文章"3 人次，"背诵词汇""背诵词汇 & 阅读英语文章""背诵词汇 & 听英语听力 & 阅读英语文章"各 2 人次，"听英语听力""背诵词汇 & 做模拟考题""听英语听力 & 其他(复习笔记)""背诵词汇 & 做模拟考题 & 阅读英语文章""背诵词汇 & 做模拟考题 & 听英语听力 & 阅读英语文章"各 1 人次。分解多选项，"背诵词汇""阅读英语文章"各 9 人次，"听英语听力"5 人次，"做模拟考题"3 人次，"其他(复习笔记)"1 人次。具体情况见表 6-8。

表 6-8　自学英语的方式(单位：人次)

	背诵词汇	阅读英语文章	听英语听力	做模拟考题	其他
较好组	14	8	8	8	0
欠佳组	9	9	5	3	1

对比两组，较好组更倾向综合运用各种方法学习英语，欠佳组学习英语的手段较为单一。

六、词汇学习专项

(16)您认为英语中哪类词最难掌握？(可多选)

较好组："无法回答"5 人次，"介词"4 人次，"动词 & 介词"3 人次，"动词"2 人次，"形容词"1 人次；分解多选项："介词"7 人次，"动词""无法回答"各 5 人次，"形容词"1 人次。

此题较好组三分之一的受试者选择“无法回答”，他们认为各类词难度不存在差别。其中4位受试者表示，学习英语时从来不注意词性，任何单词都是一样的，都需要记住音形义及用法。

欠佳组：“动词”6人次，“介词”4人次，“无法回答”“名词＆动词”“动词＆介词”“形容词＆副词”“名词＆动词＆形容词＆副词”各1人次；分解多选项，“动词”9人次，“介词”5人次，“名词”“形容词”“副词”各2人次，“无法回答”1人次，认为各类词同等难度。

此题欠佳组半数以上受试者选择动词。访谈中，一位受试者说：“虚拟语气我掌握得最不好，根本不知道什么时候该用虚拟语气。”另一位受试者也表达了类似的观点。他表示，英语动词词性变化多，不定式、动名词、虚拟语气等都涉及动词。这些都是各类考试的重点，也最难学。

(17)您通常采用下列哪些方式记忆英语单词？(可多选)

较好组：“通过上下文理解记忆单词”3人次，“照着词表背单词＆通过上下文理解记忆单词”“照着词表背单词＆通过发音记忆单词＆通过词语搭配记忆单词”“照着词表背单词＆通过上下文理解记忆单词＆通过分析词语构成记忆单词＆通过发音记忆单词＆通过词语搭配记忆单词”各2人次，“照着词表背单词”“通过分析词语构成记忆单词”“通过发音记忆单词”“通过上下文理解记忆单词＆通过发音记忆单词”“照着词表背单词＆通过上下文理解记忆单词＆通过分析词语构成记忆单词”“照着词表背单词＆通过上下文理解记忆单词＆通过发音记忆单词”各1人次。分解多选项，10人次选择“通过上下文理解记忆单词”，9人次选择“照着词表背单词”，7人次选择“通过发音记忆单词”，各有4人次选择“通过分析词语构成记忆单词”“通过词语搭配记忆单词”。

欠佳组：“照着词表背单词”“通过发音记忆单词”“通过上下文理解记忆单词＆通过发音记忆单词”各2人次，“通过上下文理解记忆单词”“通过分析词语构成记忆单词”“照着词表背单词＆通过发音记忆单词”“通过分析词语构成记忆单词＆通过发音记忆单词”“通过发音记忆单词＆通过词语搭配记忆单词”“照着词表背单词＆通过上下文理解记忆单词＆通过发音记忆单词”“照着词表背单词＆通过分析词语构成记忆单词＆通过发音记忆单词”“照着词表背单词＆通过上下文理解记忆单词＆通过发音记忆单词＆通过上下文理解记忆单词”“照着词表背单词＆通过上下文理解记忆单词＆通过分析词语构成记忆单词＆通过发音记忆单词＆通过上下文理解记忆单词”各1人次。分解多选项，11人次选择“通过发音记忆单词”，7人次选择“照着词表背单词”，6人次选择“通过上下文理解记忆单词”，4人次选择“通过分析词语构成记忆单词”，3人次选择“通过词语搭配记忆单词”。具体情况见表6-9。

表6-9　记忆英语单词的方式(单位：人次)

	通过上下文理解记忆单词	照着词表背单词	通过发音记忆单词	通过分析词语构成记忆单词	通过词语搭配记忆单词
较好组	10	9	7	4	4
欠佳组	6	7	11	4	3

数据显示，“通过上下文理解记忆单词”“照着词表背单词”“通过发音记忆单词”是

受试者记忆单词最常用的方式。较好组更倾向采用“通过上下文理解记忆单词”,欠佳组更倾向“通过发音记忆单词”。记忆词汇的方式可能是影响英语空间介词习得的因素之一。

(18)看到一个单词以后,你最先想到的是这个单词的哪些方面?(可多选)

较好组:“词语的发音”4 人次,“汉语意思”3 人次,“词语所代表的实际物体、概念、动作等”2 人次,“词语的常用搭配”“汉语意思 & 词语的常用搭配”“汉语意思 & 词语的发音”“词语所代表的实际物体、概念、动作等 & 词语的发音”“汉语意思 & 词语所代表的实际物体、概念、动作等 & 词语的常用搭配”“汉语意思 & 词语的常用搭配 & 词语的发音”各 1 人次。分解多选项,“汉语意思”“词语的发音”各 7 人次,“词语所代表的实际物体、概念、动作等”“词语的常用搭配”各 4 人次。

欠佳组:“汉语意思”5 人次,“词语的发音”3 人次,“词语所代表的实际物体、概念、动作等”“汉语意思 & 词语的发音”各 2 人次,“汉语意思 & 词语所代表的实际物体、概念、动作等”“汉语意思”“词语的常用搭配 & 词语的发音”“汉语意思 & 词语的常用搭配 & 这个词语在各种考试中的常考点”各 1 人次。分解多选项,“汉语意思”10 人次,“词语的发音”6 人次,“词语所代表的实际物体、概念、动作等”3 人次,“词语的常用搭配”2 人次,“这个词语在各种考试中的常考点”1 人次。具体情况见表 6-10。

表 6-10 见到单词后首先想到的(单位:人次)

	汉语意思	词语的发音	词语所代表的实际物体、概念、动作等	词语的常用搭配	这个词语在各种考试中的常考点
较好组	7	7	4	4	
欠佳组	10	6	3	2	1

数据显示,看到一个单词后,较好组近一半受试者、欠佳组三分之二的受试者会想到对应的汉语意思;较好组仅 4 人次、欠佳组仅 3 人次能够想到词语所代表的实际物体、概念、动作等。见到单词后,首先想到对应的汉语意思,说明受试者习惯用汉语思维,与 20 题的结论一致。

两组受试者中,较好组选择“汉语意思”的少于欠佳组,选择“词语所代表的实际物体、概念、动作等”的稍高于欠佳组,说明较好组英语思维的能力稍好于欠佳组。

(19)你识记一个单词时,要求自己做到哪几点?(可多选)

此题选项较多,受试者答案较分散,分解多选项,答案如下。

较好组:“正确地拼写出来”14 人次,“知道它的正确搭配形式”9 人次,“以公认的方式读出它”7 人次,“以适当的语法形式应用它”6 人次,“明白它的内在含义及其关联意义”5 人次,“把它与相应的实物或概念联系起来”“能将它用于适宜的语体及适当的语境中”各 3 人次,“随时回忆其词义及形式”“搞清同义反义关系和上下文关系等”各 1 人次。

欠佳组:“正确地拼写出来”11 人次,“知道它的正确搭配形式”10 人次,“以公认的方式读出它”6 人次,“以适当的语法形式应用它”“明白它的内在含义及其关联意义”“能将它用于适宜的语体及适当的语境中”各 4 人次,“把它与相应的实物或概念联系起来”2 人次,“随时回忆其词义及形式”“搞清同义反义关系和上下文关系等”各 1 人次。

数据显示,大部分受试者学习词汇时主要集中于"正确地拼写出来""知道它的正确搭配形式""以公认的方式读出它"三点要求,也就是说,记住字典给出的单词释义或解释。

桂诗春(2006)曾区分字典词汇(又叫外部词汇)和心理词汇(又叫内部词汇)。心理词汇不同于字典词汇,是按照语义网络的方式把词组织在一起的。当一个心理词汇被激活时,语义网络内的相关词不同程度地被激活,而且靠得越近的词,被激活的强度越大。另外,心理词汇比词典里的条目信息更丰富。"例如 woman 就包含了很多词典未能收录的含蓄意义(connotative meaning),有肉体的('双足动物''有子宫')、有心理和社会特性的('爱交际''受母性支配')、有延伸典型性的('会说话的''有烹调经验的''穿裙子的')、有某个时代或社会所假定的('意志薄弱的''爱哭的''懦弱的''动感情的''不讲理的''不一致的')、有男性为中心的社会强加的('温柔的''有同情心的''敏感的''耐劳的'),等等。"

选项中"明白它的内在含义及其关联意义""能将它用于适宜的语体及适当的语境中""把它与相应的实物或概念联系起来""随时回忆其词义及形式""搞清同义反义关系和上下文关系等"与建立心理词汇的要求较为一致。也就是说,二语习得中,记忆单词达到了这些要求,习得者才能真正建立心理词汇。遗憾的是,多数受试者没意识到这一点,仅停留在构建字典词汇的要求。这也是空间介词习得不理想的原因之一。

(20)在阅读英文文章时,您是否边阅读边翻译?

较好组:"是,通常以对应的汉语理解文章的意思"8 人次,"偶尔边阅读变翻译"5 人次,大部分表示文章较难、看不懂时用汉语思维,"不是,用英语的思维形式"2 人次。

欠佳组:"是,通常以对应的汉语理解文章的意思"10 人次,"偶尔边阅读变翻译"4 人次,和较好组类似,大部分表示文章较难、看不懂时用汉语思维,"不是,用英语的思维形式"1 人次。

数据显示,阅读英文文章时,大部分受试者以对应的汉语理解英文文章的意思。这进一步佐证了上一章提到的,近十年的英语学习没能帮助学生建立一套类似英语母语者的认知及思维体系。受试者中,较好组能用英语思维的人数稍多于欠佳组。

七、结论

从上可知,缺乏学习英语的环境是造成空间介词习得不理想的外部因素;对词汇习得要求过低、只停留在记忆字典词汇的水平,是影响空间介词习得的内部原因。空间介词习得较好的受试者大多具有较积极的学习态度、较强的自信心、较浓的学习兴趣、较强的学习动机,学习方式较为多样,并愿意为英语学习付出更大的努力。

第四节　本章小结

本章讨论了影响汉语母语大学生英语空间概念习得的因素。研究表明,导致空间概念习得不理想的原因是多方面的,包括教学大纲对空间介词习得要求较为模糊,缺乏学习英语的环境,学生对习得词汇的要求过低,等等。研究结果显示,在本研究涉及的阶段,受试者的空间概念习得没出现石化现象,随着学习时间的增加,空间介词应用能力逐渐提高。学生的性别、专业等都不是影响其空间介词习得的主要因素。空间概念习得较好的受试者大多具有较积极的学习态度、较强的自信心、较浓的学习兴趣、较强的学习动机,学习方式较为多样,并愿意为英语学习付出更大的努力。

第七章　研究结论与展望

一、研究结论

空间概念(如汉语的“上、下、左、右、前、后、内、外”;英语的“on,over,above,in,under,below”;等等)是人类基本认知能力之一,所有语言都用一定的方式表达空间概念。语言学界研究人类认知能力时大多关注语言空间概念的表达方式,希望通过比较不同民族空间概念的表达和习得的异同,解开人类认知能力的共性和差异之谜。这已成为语言学研究的重要研究领域。

首先,本研究采用认知语言学分析模式,分析了英语空间概念 in,on,over,above,under 和 below 的语义网络,探讨了其语义的异同。这些介词中,over,above 和 on 的原型意义与汉语“上”类似,但每个词表达的侧重点不同。介词 on 表示射体高于界标并受界标的支撑。over 和 above 表示射体高于界标,不受界标的支撑。over 强调射体和界标有接触的潜势,above 强调射体和界标没有接触的潜势。介词 under 和 below 的原型意义与汉语“下”类似,都表示射体低于界标。二者的区别在于前者强调射体与界标有接触的潜势,后者强调二者没有接触的潜势。介词 in 的原型意义表示射体位于界标内,并强调界标对射体具有某种功能,其意义与汉语的“在……内(中)”类似。在这些介词中,on 的用法需特别注意。介词 on 的原型场景为射体位于界标之上,受界标支撑。其原型场景的前半部分相当于汉语的“上”,后半部分与英语介词 in 原型场景的界标对射体产生某种功能类似(事实上,古英语中,介词 in 和 on 为同一词语)。也就是说,介词 on 有些地方类似汉语的“上”,有些地方又类似汉语的“内(里)”。除原型意义外,介词还隐喻出其他意义。over 还有射体轨迹 A-B-C 义,覆盖或遮盖义,检查义,垂直向上义以及部分习语用法;above 还表示数目、价钱、重量、程度等超过,级别、地位、重要性高于,位于上面并紧邻某物,表示地理位置(在上游)以及部分习语用法;on 还有支撑义,附着义,边缘接触义,程度加深义,时间义以及处于某事物或状态之中;under 还有数量等少于义,被覆盖义和被控制义;below 还有数量等少于义,次于、地位低于义、位于下面并紧邻义以及表示地理位置(在下游)义;in 还表示位置(坐落、位于)义,分割为部分义,可接触或感知范围内,时间义,进入义以及部分习语用法。这些隐喻义有些与相应的汉语意义相同,有些不同。例如,over 的隐喻义除与汉语的“上”类似外,还与汉语的多余、覆盖、检查等义类似。介词 in 的隐喻义除与汉语的“在……内(中)”类似外,还与汉语的分割、阻挡、形成某种形状等义类似。

然后本研究采用认知语言学分析模式,分析了汉语空间概念“上”“下”“中”“内”“里”的语义网络。“上”和“下”是现代汉语中最常用的表示空间概念的词语,两个词的语义也非常丰富。从骨刻文和甲骨文中“上”的字形可以推断出,“上”的原型意义表示射体在界标空间位置上部,并且射体与界标不接触。这一原型意义在现代汉语中仍旧使用。

在后来的用法中,“上”也可以表示射体在界标空间位置上部,并且二者接触。除原型场景外,“上”的语义还可以隐喻到时间域、质量域、数量域等,形成各种具体意义;同时“上”还可以表示处于某事物范围内,或表示由高处向低处运动等。与英语比较,汉语的“上”与 on,over,above 甚至 in 都有类似的语义。自产生之初汉语的“下”就与“上”相对。同样从骨刻文和甲骨文中的字形可以推断出,“下”的原型场景表示射体在界标空间位置下部,且射体与界标不接触。后来“下”发展出射体在界标空间位置下部,且二者接触之义。“下”的原型意义在现代汉语中同样仍旧使用。除了原型场景,“下”与“上”类似,其语义可隐喻到时间域、质量域和数量域,形成各种具体意义。“下”也可以表示处于某事物范围内或表示由高处向低处运动。与英语比较,汉语的“下”与 under,below 甚至 in 都有类似的语义。“中”“内”“里”三个表示空间概念的词语义有重合之处,也有不同。三个词的语义都比较简单,都与英语中的 in 有相似之处,个别时候还会等同于英语的 on。三个词中“中”是表示空间概念时最常用的词汇,其原型意义最初表示“两军对垒时两军之间的地带”,但是这一用法在现代汉语中已经消失了。现代汉语中“中”最常用的语义是“表示与两端等距离的位置”。后来这一意义扩展为表示“跟四周的距离相等”。在基本语义的基础上“中”的语义进一步发展,其语义隐喻到等级域或时间域,产生出各种具体意义。同时还可以表示“范围内”“不偏不倚的”“表示持续的状态”等意义。“内”最初为动词,意为“进入洞穴或住处”。现在汉语中“内”的这一用法已经消失,现在最基本的语义是表示表示方位,与“外”对应;此外“内”还可以隐喻到时间域、指内心或内脏、指称称妻子或妻子的亲属以及特指皇宫等。“里”的最初用法指“居住或耕种的田园”,与空间意义关系不大。“里”在发展中合并了“裏”字,使其意义更加丰富。现代汉语现代汉语中的“里”表示空间概念,通常与“外”对应。此外还表示行政单位、长度单位、某地方、衣服的内层、与外表相反的位置、某空间内部等。

在弄清楚英汉空间概念的语义网络后,本研究比较了汉英母语空间概念的异同。结果显示英汉母语儿童掌握空间词汇的顺序表现出较大的一致性。英汉语中较早掌握的词汇都具有较为常用、结构简单、语义简单等特征;因此输入频次和词汇的难易度是影响儿童习得空间词汇的重要因素。另一方面,英汉母语儿童掌握空间词汇的规律与 Piaget 和 Inhelder(1956)提出的皮亚杰假说较为吻合。英汉母语儿童都最先掌握表示拓扑空间的词汇(英语的 in,汉语的“里”类);都最后掌握表示线性关系的词汇(英语的 out,汉语的“旁”类)。实际上,英语的 out 和汉语的“旁”类并非典型的表示线性关系的词汇,“前、后、左、右”是更典型的表示线性关系的词汇。在本研究观察的个案中,汉语母语儿童掌握“前后”类较晚,掌握“左右”更晚,且“左右”仅出现一次;英语母语儿童的语料中,60 月龄前并未出现表示“前、后、左、右”的词汇,如 in front of,back,left,right 等。Hickmann 和 Hendriks(2010)的研究发现,英语母语儿童到 60 月龄时才掌握了“旁”(near)和“前”(in front of)的概念,但仍旧没有“左、右、后”。英汉语中表示空间概念的几乎都是多义词汇。汉语空间词汇习得的个案给出了不同义项的习得顺序。“上”类词的习得顺序为“平面附着义”,到“非接触空间义”,最后是从客体角度判断的相对位置义;“下”类词汇意义的习得顺序为“非接触空间关系”“单纯方位义”,最后是从客体角度判断物体的相对位置义。汉语“上”类和“下”类空间词的习得与皮亚杰假说较为一致,都是最先是以自我

(egocentric)为参照点,从自我视角判断物体的相对位置关系;进而发展为以非自我(allocentric)为参照,从客体角度判断物体的相对位置。

接下来,本研究采用测试的方式,调查了普通本科院校学生习得英语空间概念的情况。总体来说,学生习得空间介词的情况不理想,平均每题59.4人次填写所考察的合适介词,占37.6%。学生习得不同介词的情况差异较大。其中介词in的习得情况最好,平均每题91.7人次填写in,占58.0%;over的习得情况最差,平均每题27.7人次填写over,占17.5%。在所考察的题目中,平均每题77人次(48.7%)填写on,44.1人次(27.9%)填写under,37.9人次(24.0%)填写above,36.7人次(23.2%)填写below。

测试卷的题目中,介词的三类用法学生习得最好,分别是介词in或on的原型场景、介词in或on表示时间的用法以及有关介词in或on的某些习语用法或固定搭配用法。两类词习得最不理想,分别是over的各种用法,以集中注意力于某物义、覆盖义、控制义和高于并超过义最突出,其错误特点大多是用on代替over;under的覆盖义,其错误特点大多是以in代替under。

按照认知语言学的观点,原型应该是习得者最先习得、掌握最好的部分。受试者习得某些词原型场景的情况并不好,甚至不如其他词的边缘成分。这些杂乱的偏误背后隐藏着一定的认知机制。

本研究认为,由于受汉语的影响,近十年的英语学习并未帮助学生建立一套接近英语母语人的认知模式。在学生的思维中,on,over和above表达的概念属于同一范畴(对应汉语的“上”),其中on的原型是这个范畴的典型成员,over和above的原型意义及隐喻义是这一范畴的边缘成分(可能离典型成分的距离还比较远;有时over和above的边界是模糊的,偶尔还会重叠)。当谈到这个范畴时,学生最先想到的是典型成员on(并且仅仅想到on)。同样,在学生的思维中,under和below(可能还包括beneath)所表达的概念属于同一范畴(对应汉语的“下”)。在这一范畴中,under属于典型成员,位于范畴的中心部位;below和beneath属于非典型成员,但离中心部位不是很远。当谈到这一概念时,学生最先想到的是典型成员under(有时也会想到非典型成员below或beneath)。

最后,本研究探讨了造成学生空间介词习得正确率不高的原因。导致空间介词习得不理想的原因是多方面的,包括教学大纲对空间介词习得要求较为模糊、缺乏学习英语的环境、学生对词汇习得的要求过低等。在本研究涉及的阶段,受试者的空间介词习得没出现石化现象,随着学习时间的增加,水平逐渐提高。学生性别、专业等都不是影响其空间介词习得的主要因素。空间介词习得较好的受试者大多具有较积极的学习态度、较强的自信心、较浓的学习兴趣、较强的学习动机,学习方式较为多样,并愿意为英语学习付出更大的努力。

二、外语空间概念习得的教学建议

要真正掌握一种语言,不仅要掌握这种语言的字词的用法,理想情况下还应该掌握这种语言所代表的思维方式。根据以上调查分析,建议从以下几方面改进英语教学,促进英语空间概念的习得。

第一,完善教学大纲,保证空间介词教学的连续性。

教学“大纲”或“要求”是各级各类学校组织教学的依据。一般根据词汇的常用率,“大纲”或“要求”明确学生在某阶段应该掌握的词汇。由于介词 in,on,over,above,under,below 都是高频词,现行教学大纲将其定为一般要求词汇。

这种“大纲”或“要求”的不足之处是显而易见的。一般情况下,多义词的出现频率高于单义词;多义词的各义项使用频率并不一样。对于同一个多义词,可能其某些义项较为常用,另一些义项却不常用。现行大纲似乎没有考虑这些因素。另外,现在的教学“大纲”或“要求”没有具体阐明学生需要掌握哪些义项,教师不易掌握教学深度,很难断定学生目前掌握的介词用法是否达到“大纲”的要求。

鉴于此,建议以义项为单位统计使用率,确定词汇义项的难易等级。根据义项难易程度,制定学生英语词汇学习的要求。另外,还要明确学生在什么阶段应该掌握哪些词的哪些义项,使英语空间介词习得具有连贯性。

第二,创造利于英语学习的课下环境。

国内的英语教学大多是汉语环境下的英语教学。学生只在英语课堂接触英语知识或文化。这种环境下,学生培养英语思维是非常困难的。学校应尽力帮助学生创造接近英美文化的学习环境。比如,鼓励学生结交英语母语的朋友;在学校的广播或影视媒体上多播放有关英美语言及文化的节目;举办夏令营,强化学生的英语知识和文化等。综合运用这些方法,在学校特定时间的某一区域,形成接近英语社会的氛围,利于学生培养英语思维。

第三,了解文化差异,增加目的语的文化输入。

我国和英语国家地理位置遥远,具有各自的历史背景、风俗习惯、社会条件等,形成不同的文化特点。语言是文化的重要组成部分,语言学习与文化接触不可分割。

认知语言学认为,人类通过自身体验认识周围世界,空间体验是人类体验的基础。表达人类空间体验的空间介词是人类认识世界初始经验的结果,与文化更是密不可分。

教学中,教师应不断向学生输入目的语文化信息,让学生感受汉英文化的差异。英语空间介词的教学,不能仅仅停留在对语言本身的解释,还要对造成这种体验的具体文化进行阐释。否则,学生容易对所学知识理解不透彻,似懂非懂。

第四,给予学生更多鼓励,增强其英语学习的兴趣、自信心和动力。

调查显示,空间介词习得较好的学生大多具有较积极的学习态度、较强的自信心、较浓的学习兴趣、较强的学习动机及多样的学习方式。为促进空间介词习得,教师应关注学生的思想动态,利用各种手段激励其奋发向上;多关心学生,帮助他们掌握适合的学习方法和策略;丰富教学手段,提高学生学习英语的兴趣;课上多表扬学生,使其保持较强的自信心和学习动机。

第五,创新教学手段,引入混合式教学方式。

有研究表明,基于互联网的混合学习模式较传统教学模式优势明显,不仅能够提升学生的学习效果(Yao,2017、2019),还能够促进社会可持续发展(Yao,2018、2019)。在外语空间概念习得的教学中,教师应多采用现代教学手段,基于互联网组织教学活动,进而切实帮助学生习得英语空间介词。

三、不足与展望

本研究只是初步探索,研究过程中还存在许多不足,需要在以后的研究中不断改进。

第一,英语和汉语表示空间概念的词语数量较多,用法较为复杂。本研究只分析了有代表性的六个英语介词、五个汉语词语的语义网络。如果能够增加研究词语的数量,结果会更加有说服力。

第二,本研究探讨汉语母语空间概念习得和英语母语空间概念习得时使用的都是二手调查资料;研究外语空间概念习得时只在一所学校进行调查,得到的结论仅仅是初步的、模型性的。要全面了解英汉空间概念习得的情况,还需要增加调查项目,扩大调查范围,并尽量使用第一手研究材料。

第三,语言是一个复杂的系统,系统内的各部分相互交织、相互影响。在一个句子中选择适当的词语时,除词语本身的语义外,还会受韵律、节奏、上下文的影响。本研究设计测试卷时,尽量避免其他因素对介词选择的影响,但由于自身水平的限制,测试卷难免会有这样或那样的问题,可能会影响最终的研究结果。

第四,英语学习是一个连续过程。要研究语言习得发展情况,最理想的方式是对调查对象进行跟踪调查。由于时间和条件的限制,本研究选取语言习得中的三个横断面(非英语专业一年级、英语专业一年级、英语专业三年级)为观察点,研究空间介词习得情况。这种研究方式虽能够部分反映习得的发展规律,但很难看出空间介词习得的具体轨迹。今后的研究中,应多采用全程跟踪的方式,调查习得者空间介词习得的具体发展情况。

第五,任何一项研究都尽量追求事实描写和理论概括并重。由于理论水平不足,研究中偏重事实描写,理论解释和概括略显不足。今后的学习和研究中,应不断积累和丰富理论知识,力求对分析的语言现象和语言事实给予全面合理的理论解释。

参考文献

[1]BALTIN M, COLLINS C. The Handbook of Contemporary Syntactic Theory[M]. Oxford: Blackwell, 2000.

[2]BRUGMAN C. Story of over[D]. Berkeley: University of California, 1981.

[3]CORREA-BENINGFIELD M. Prototype and second language acquisition[J]. Revue de phonetique appliquee, 1990: 95-97, 131-135.

[4] DEWELL R. Over again: image-schema transformations in semantic analysis [J]. Cognitive linguistics, 1994 (4): 351-380.

[5]FARHHADY H. Measures of language proficiency from the learner's perspective [J]. TESOL, 1982 (1): 43-59.

[6]FASOLD R. The Sociolinguistics of Language[M]. Beijing: Foreign Language Teaching and Research Press, 2000.

[7]FEIST M, GENTER D. Factors involved in the use of in and on[R]. Proceeding of the Twenty-fifth Annual Meeting of the Cognitive Science Society, 2003.

[8]GODDARD C. On and on: verbal explications for a polysemic network[J]. Cognitive linguistics, 2002 (3): 277-293.

[9]HALLIDAY M. An Introduction to Functional Grammar[M]. London: Arnold, 1994.

[10]HAWKINS B. The semantics of English spatial prepositions[D]. Berkeley: University of California, 1984.

[11]HAYASHI M. A Longitudinal investigation of language development in bilingual children [D]. Denmark: University of Aarhus, 1994.

[12] HERSKOVITS A. Language and Spatial Cognition [M]. Cambridge: Cambridge University Press, 1987.

[13]HERSKOVITS A. Language and Spatial Cognition: an Interdisciplinary Study of the Prepositions in English[M]. Cambridge: Cambridge University Press, 1986.

[14] HICKMANN M, HENDRIKS H. Typological constraints on the acquisition of spatial language in French and English[J]. Cognitive linguistics, 2010 (2): 189-215.

[15] HORNBY A. Oxford Advanced Learner's English-Chinese Dictionary [Z]. 4th ed. Beijing: The Commercial Press, Oxford: Oxford University Press, 1997.

[16]IJAZ H. Linguistic and cognitive determinants of lexical acquisition in a second language [J]. Language learning, 1986 (36): 401-451.

[17]JAVIS S, ODLIN T. Morphological type, spatial reference, and language transfer[J]. Studies in second language acquisition, 2000 (4): 535-556.

[18]KREITZER A. Multiple levels of schematization: a study in the conceptualization of space

[J]. Cognitive linguistics, 1997 (8): 113-139.

[19] LAKOFF G, JOHNSON M. Philosophy in the Flesh: the Embodied Mind and its Challenge to Western Thought[M]. New York: Basic Books, 1999.

[20] LAKOFF G. Women, Fire, and Dangerous Things: What Categories Reveal about the Mind[M]. Chicago: The University of Chicago Press, 1987.

[21] LANGACKER R. Foundations of Cognitive Grammar[M]. Stanford: Stanford University Press, 1987.

[22] LEECH G. Semantics[M]. UK: Penguin, 1974.

[23] MUNNICH E. Input and maturation in the acquisition of second language spatial semantics[D]. Newark: University of Delaware, 2002.

[24] MURRAY J, et al. Oxford English Dictionary[Z]. Oxford: Oxford Press, 1933.

[25] OXFORD R, NYIKOS M. Variable affecting choice of language learning strategies by university students[J]. Modern language journal, 1989 (3): 291-300.

[26] PIAGET J, INHELDER B. The Child's Conception of Space[M]. London: Rutledge & Kegan Paul, 1956.

[27] PLUNKETT K. Lexical segmentation and vocabulary growth in early language acquisition [J]. Journal of child language, 1993(20): 43-60.

[28] QUIRK R, GREENBAUM S, LEECH G, et al. A Comprehensive Grammar of the English Language[M]. London: Longman, 1985.

[29] SANDRA D, RICE S. Network analyses of prepositional meaning: mirroring whose mind—the linguist's or the language user's[J]. Cognitive linguistics, 1995 (1): 89-130.

[30] SCHUMANN J. Locative and directional expressions in basilang speech[J]. Language learning, 1986 (3): 277-294.

[31] SINHA C, JENSEN DE LOPEZ K. Language, culture and the embodiment of spatial cognition[J]. Cognitive linguistics, 2000 (1-2): 17-41.

[32] TAYLOR J. Linguistics Categorization: Prototypes in Linguistic Theory[M]. 2rd ed. Oxford: Oxford University Press, 2001.

[33] THOMSON A, MARTINET A. A Practical English Grammar[M]. 4th ed. London: Oxford University Press, 1986.

[34] TYLER A, EVANS V. The Semantics of English Prepositions: Spatial Scenes, Embodied Meaning and Cognition[M]. Cambridge: Cambridge University Press, 2003.

[35] WELLS G. Language Development in the Pre-school Years[M]. Cambridge: Cambridge University Press, 1985.

[36] YAO C L, LI D W, MA W C. Case study on autonomous learning abilities for college teachers in a blended learning environment[J]. Revista de la facultad de ingeniería, 2017, 32 (12): 36-43.

[37] YAO C L. A case study on the factors affecting Chinese adult students' English

acquisition in a blended learning environment[J]. International journal of continuing engineering education and life long learning, 2017, 27(1/2): 22-44.

[38] YAO C L. How a blended leaning environment in adult education promotes sustainable development in China[J]. Australian journal of adult learning, 2018, 39(3): 480-502.

[39] YAO C L. An investigation of adult learners' viewpoints to a blended learning environment in promoting sustainable development in China[J]. Journal of cleaner production, 2019 (220): 134-143.

[40]程艳琴,张乐兴,李养龙. 非英语专业文理科新生学习者需求对比的实证研究[J]. 吉林省教育学院学报,2010(2):13-15.

[41]储泽祥. 现代汉语方所系统研究[M]. 武汉:华中师范大学出版社,1997.

[42]丁再献,丁蕾. 东夷文化与山东·骨刻文释读[M]. 北京:中国文史出版社,2012.

[43]方经民. 地点域/方位域对立和汉语句法分析[J]. 语言科学,2004(6):27-41.

[44]方经民. 汉语空间方位参照的认知结构[J]. 世界汉语教学,1999(4):32-38.

[45]方经民. 论汉语空间方位参照认知过程中的基本策略[J]. 中国语文,1999(1):12-20.

[46]方经民. 论汉语空间区域范畴的性质和类型[J]. 世界汉语教学,2002(3):37-48.

[47]方经民. 现代汉语方位参照聚合类型[J]. 语言研究,1987(2):3-13.

[48]方经民. 现代汉语方位成分的分化和语法化[J]. 世界汉语教学,2004(2):5-15.

[49]高一虹,程英,赵媛,等. 英语学习与自我认同变化——对大学本科生的定量考察[J]. 外语教学与研究,2003(2):132-139.

[50]高云,朱景梅. 语言石化现象的产生及防止策略[J]. 外语教学,2005(3):41-43.

[51]桂诗春. 英语词汇学习面面观——答客问[J]. 外语界,2006(1):57-65.

[52]胡壮麟,姜望琪. 语言学高级教程[M]. 2 版. 北京:北京大学出版社,2015.

[53]黄国文. 英语语言问题研究[M]. 广州:中山大学出版社,1999.

[54]黄月华,白解红. 英语介词多义研究之我见——over 例析 [J]. 外语与外语教学,2006(11):4-7.

[55]贾红霞. 普通话儿童方位词发展的个案研究 [J]. 世界汉语教学,2010(4):514-525.

[56]贾红霞. 普通话儿童方位词语义发展的个案研究 [J]. 语言文字应用,2010(4):60-69.

[57]蓝纯. 从认知角度看汉语和英语的空间隐喻[M]. 2 版. 北京:外语教学与研究出版社,2008.

[58]雷新勇. 上海高考英语分数的性别差异及其原因[J]. 上海教育研究,2007(6):43-46.

[59]李佳,蔡金亭. 认知语言学角度的英语空间介词习得研究[J]. 现代外语,2008(2):185-193.

[60]李炯英. 中国学生二语学习策略的观念与运用——一项实证研究[J]. 外语教学,2002(1):42-49.

[61]李萍、郑树棠、杨小虎. 影响中美学生抱怨话语严厉程度的因素分析[J]. 外语教学

与研究,2006(1):56-60.

[62]李巧兰. 英语学习者话语标记语语用石化现象初探——基于真实口语语料的调查分析[J]. 解放军外国语学院学报,2004(3):53-57,71.

[63]廖秋忠. 空间词和方位参照点[J]. 中国语文,1989(1):9-18.

[64]廖秋忠. 廖秋忠文集[M]. 北京:北京语言学院出版社,1992.

[65]廖秋忠. 现代汉语时空场的语义结构[R]. 成都:中国语言学会第一届年会,1981.

[66]刘丹青. 语序类型学与介词理论[M]. 北京:商务印书馆,2003.

[67]刘龙根,胡开宝. 大学英语翻译教程[M]. 2 版. 北京:中国人民大学出版社,2007.

[68]刘宁生. 汉语偏正结构的认知基础及其在语序类型学上的意义[J]. 中国语文,1995(2):81-89.

[69]刘宁生. 汉语怎样表达物体的空间关系[J]. 中国语文,1994(3):169-179.

[70]骆雪娟. 二语习得中的概念迁移:对中国英语学习者对英语空间介词语义的习得研究[D]. 广州:广东外语外贸大学,2005.

[71]吕叔湘. 中国文法要略[M]. 北京:商务印书馆,2014.

[72]马广惠. 理工科大学生英语词汇水平研究[J]. 外语教学,2001(2):48-52.

[73]马书红. 中国学生对英语空间介词语义的习得研究[J]. 现代外语,2007(2):173-183.

[74]马书红. 中国英语学习者对英语空间介词语义的习得研究[D]. 广州:广东外语外贸大学,2005.

[75]潘华凌,陈志杰. 英语专业学生自我效能感调查分析[J]. 外语学刊,2007(4):128-130.

[76]齐沪扬. 现代汉语空间问题研究[M]. 上海:学林出版社,1998.

[77]王寅. 认知语言学[M]. 上海:上海外语教育出版社,2007.

[78]王远新. 语言学理论与语言学方法论[M]. 北京:教育科学出版社,2006.

[79]王远新. 中国民族语言学论纲[M]. 北京:中央民族大学出版社,1994.

[80]魏晓敏. 六个英语介词习得研究:中国英语学习者介词意义发展横断研究[D]. 长沙:湖南大学,2004.

[81]文炼,胡附. 词类划分中的几个问题[J]. 中国语文,2000(4):298-302,381.

[82]文炼. 关于词的次类的划分[J]. 语言研究辑刊,2005(1):5-8.

[83]文秋芳,王立非. 影响外语学习策略系统运行的各种因素评述[J]. 外语与外语教学,2004(9):28-32.

[84]吴莎,欧阳偶春. 专业对语言学习策略的影响[J]. 沈阳工程学院学报(社会科学版),2008(1):86-88.

[85]邢福义. 方位结构"×里"和"×中"[J]. 世界汉语教学,1996(4):4-13.

[86]杨炳钧. 介词的功能语言学解释[J]. 外国语,2001(1):47-53.

[87]姚春林,贾海霞. 从语言功能看语言文化保护的复杂性[J]. 西南民族大学学报(人文社科版),2016(5):53-57.

[88]姚春林. 澳大利亚原住民语言政策的历史与现状[J]. 中央民族大学学报(哲学社会

科学版),2018 (5):37-42.
[89]于学勇. 性别与二语习得能力关联研究[J]. 外语与外语教学,2005(8):13-15,25.
[90]张萍,高祖新,刘精忠. 英语学习者词汇观念和策略的性别差异研究[J]. 外语与外语教学,2002(8):35-37,52.
[91]赵萱. 中介语石化现象与中介语心理认知机制浅探[J]. 外语与外语教学,2006(3):18-20.
[92]赵元任. 汉语口语语法[M]. 吕叔湘,译. 北京:商务印书馆,1979.
[93]甄凤超. 学习者英语会话中的反馈语研究[J]. 解放军外国语学院学报,2010(3):62-68.

附　录

附录一　空间介词测试卷

请在下列各空中填上合适的英语介词(如 in, on, above, over, under, below 等)。如果您认为某题有多个合适的答案,请把所有的答案都写出来;如果您认为空格处不需要填写任何词,请在该空格处画/。

一、您的基本信息

姓名________性别________民族________班级________
家庭住址____________________________
联系方式(电话)____________________________
高考英语卷面英语总成绩________您的英语高考成绩________
参加过什么英语等级考试________考试时间________
考试成绩________您的普通话程度________
您是否会汉语方言,如果会,您会哪种方言(具体到某县的话)________

二、测试题部分

1. A thief pulled a knife ________ him.
2. In the end, they didn't get the result, because there was a disagreement ________ the best way to proceed.
3. ________ attempting to save a child from drowning, she nearly lost her own life.
4. Be careful! The rung ________ the one you're standing on is broken.
5. Can I pay it ________ cash?
6. Dalian is a town ________ the coast.
7. The paper will be cut from this line. So, do not write ________ this last line on this page.
8. Do you have something ________ your mind?
9. Have you got any money ________ you?
10. He considered such jobs ________ him.
11. He didn't like speaking ________ the telephone with her.
12. He has little control ________ his emotions.
13. He is away ________ business now.
14. He is ________ the army.

15. He is famous ________ the country.

16. He is very much ________ the influence of the older boys.

17. Now they are ________ the most difficult stage of the life and are happy every day.

18. He longs ________ all to see his family again.

19. He opened a bank account ________ a false name.

20. He put his hand ________ her mouth to stop her screaming.

21. He ruled ________ a great empire.

22. He spread a cloth ________ the table.

23. He was arrested ________ the charge of theft.

24. He will go ________ an errand tomorrow.

25. Her behavior was ________ reproach.

26. I am in grade 6 and he is in grade 5. He is in the class ________ me.

27. I favour soccer ________ tennis.

28. I have him ________ sight.

29. I learnt to drive ________ three weeks.

30. I would prefer tea ________ coffee.

31. In the country it is forbidden to sell tobacco to children ________ 16.

32. It is cold today. The temperature remained ________ freezing all day.

33. It is hot today. The temperature has been ________ the average recently.

34. It is thought that privatization is to be beneficial ________ that it promotes competition.

35. Let's shelter ________ the trees.

36. Looking ________ the hedge, you can see the beautiful garden.

37. Mary is not clever because her reading comprehension is ________ average compared to that of other twelve-year-olds.

38. Mary threw the paper ________ the fire.

39. Most cars run ________ petrol.

40. Most of the iceberg is ________ the water.

41. Mr. John was born ________ March.

42. ________ my arrival home, I saw my son was watching TV.

43. Now she is reading a novel ________ 3 parts.

44. ________ order to get there on time, they decided to go there by plane.

45. She is a manager with a staff of 12 working ________ her.

46. She is leaning ________ the wall.

47. She is sticking a stamp ________ an envelope.

48. She likes smoking very much. When I saw her, there was a cigarette ________ her mouth.

49. She pushed all her hair ________ a headscarf.

50. She put a rug ________ a sleeping child.

51. She was standing ________ one foot.

52. She was struggling ________ the weight of three suitcases.

53. She looked ________ the manuscript quite carefully.

54. Should a soldier value honor ________ life?

55. Speak ________ English, please!

56. The book ________ the table is his.

57. The book was very popular. ________ 3 million copies were sold everyday.

58. The children are standing ________ groups of three.

59. The girl ________ white is my girlfriend.

60. ________ the left you can see the palace.

61. The location of his house is so noisy, because it is ________ the main road.

62. The old man is ________ poor health.

63. The old man lived ________ a pension.

64. The story is based ________ fact.

65. ________ the terms of the lease you had to pay the fines.

66. The valley is far ________ the tallest peak.

67. The war broke out ________ spring.

68. The water was deep. It came ________ our knees.

69. The water flows ________ the bridge.

70. The old town is not here. It lies ________ the bridge.

71. There are 60 minutes ________ one hour.

72. There are some buildings ________ repair.

73. There are some dirty marks ________ the ceiling.

74. There is a bridge ________ the river.

75. There is a picture ________ the wall.

76. There is a ring ________ his finger.

77. The town is 2,000 feet ________ sea level.

78. There was a lamp hanging ________ the table.

79. They are climbing ________ a wall.

80. They are having an argument ________ money.

81. They held a large umbrella ________ her.

82. They like swimming ________ the pool.

83. They travelled ________ the continent.

84. This is the highest mountain ________ the world.

85. To marry the class ________ oneself is one of the best ways for girls who come from worker class to get into the higher class.

86. Tom got ________ the car and drove away quickly.

87. Tom is 31 and Mary is 28 now. That is to say, Tom is ________ 30 and Mary is ________ 30.

88. We couldn't move the car because a fallen tree was ________ the driveway.

89. We had a pleasant chat ________ a cup of tea.

90. We have only a little homework every day. It takes us ________ an hour to finish it.

91. The little boy cried ________ his broken toy.

92. We were flying at highest altitude, way ________ the clouds.

93. We will have an exam ________ Sunday.

94. We will stay in Beijing ________ the New Year.

95. What have you got ________ your hand?

96. When she heard the news, Mary was ________ a rage.

97. Which side are you ________ ?

98. You can cross the river a short distance ________ the waterfall.

99. ________ your advice I applied for the job.

附录二 英语介词使用过程的心理活动访谈

为了解学生应用英语空间介词时的思维活动，本研究对两位学生进行了访谈。两名受试者均为中央民族大学语言学专业研究生。其中一名是天津外国语大学英语专业本科毕业生，英语专业八级考试成绩为68分；另一名为大连民族大学汉语专业本科毕业生，全国大学英语六级考试450分。访谈采用一对一的方式进行（为节省篇幅，本研究将两位被试的访谈内容并列给出）。受试者给出答案，然后解释给出这个答案的原因。如遇到受试者表达不清楚的地方，调查员当场提出问题，要求受试者解释。以下是整理的访谈材料。材料中，I代表调查员，H代表英语专业本科毕业生（其姓的首字母），Y代表汉语专业本科毕业生（其姓的首字母）。

1. *A thief pulled a knife ________ him.*

H：此处应该填写表示发现的词，*to* 表示朝向的意思。

Y：填 *in*，表示插入某人的某部位。

2. *In the end, they didn't get the result, because there was a disagreement ________ the best way to proceed.*

H：我没见过 *disagreement* 与哪个词搭配，*disagreement* 是由 *agree* 变（作者注：此处的变实为派生的意思）来的，*agree* 和 *on* 连用，这里也应该填 *on*。

Y：填 *about*，"关于"的意思。

3. ________ *attempting to save a child from drowning, she nearly lost her own life.*

H：这里可以不填，动词的 *ing* 形式做状语。（……思考了一会）在我的记忆中好像有个短语，*on attempting to*。这可以有两个答案，或者不填，或者填 *on*。

Y：填写 *with*，表示目的。

4. *Be careful! The rung ________ the one you're standing on is broken.*

H：这句话表达的汉语意思应该是在脚下，所以这块填 *below*。

Y：这句话中 *rung* 什么意思啊？

I：台阶的意思。

Y：那这里不需要填词语。

5. *Can I pay it ________ cash?*

H：汉语意思是用现金的意思，这里填 *with*。好像见过 *in cash* 的用法。这道题 *in* 和 *with* 都可以。

Y：填 *with*，"用"的意思。

6. *Dalian is a town ________ the coast.*

H：填 *along*，沿海城市的意思，*along* 就是"沿着"的意思。

Y：填 *near*，"附近、在旁边"的意思。

7. *The paper will be cut from this line. So, do not write ________ this last line on this page.*

H：不需要填，表达的汉语意思是"不要写最后一行"。

Y:填 *outside*,好像汉语表达的意思是“不要写到线外边去”。

8. *Do you have something ________ your mind?*

H:英语中有固定短语 *in one's mind* 或 *on one's mind*,这道题填 *in* 或 *on* 都可以。

Y:*in one's mind* 是固定短语,填 *in*。

9. *Have you got any money ________ you?*

H:填写 *on*,*on* 有“随身携带”的意思。

Y:*get to* 是固定搭配,填 *to*。

10. *He considered such jobs ________ him.*

H:看不懂这句话究竟要表达什么,好像表达“关于某人的工作”的意思,填 *on* 吧,*on* 有“关于”的意思。

Y:填 *to*,意思是“给某人找工作”的意思,*to* 可以表示对象。

11. *He didn't like speaking ________ the telephone with her.*

H:这道题答案可能是 *in* 也可能是 *on*。这里是用电话,“用某种工具”应该是 *in*,但凭语感判断,应该是 *on*。相信语感吧,填 *on*。

Y:*by* 表示工具,好像以前见过 *in the phone* 的用法。两个都可以吧。

12. *He has little control ________ his emotions.*

H:填 *on*。好像见过 *control on* 的搭配。填 *on* 语感也很合适,就填 *on*。

Y:填 *with*,*control with* 是固定搭配。

13. *He is away ________ business now.*

H:*on business* 是固定短语,填 *on*。

Y:*on business* 是固定搭配,填 *on*。

14. *He is ________ the army.*

H:*in the army* 是词组,填 *in*。

Y:凭语感判断,应该填 *in*。

15. *He is famous ________ the country.*

H:在一个较大的地方,用 *in*。对不对呀?

I:可以用 *in*,你认为还有其他答案吗?

H:不知道了,还有什么呀,告诉我。

I:还可以用 *over*。

H:还真没见过用 *over* 的。

Y:填 *in*,表示在某个范围内。

16. *He is very much ________ the influence of the older boys.*

H:汉语是“受……的影响”,好像有 *in the influence of* 的词组,填 *in*。

Y:填 *under*,汉语的意思是“在……影响下”。

17. *Now they are ________ the most difficult stage of the life and are happy every day.*

H:填 *in*,*in the stage of* 是一个词组。

I:填 *in* 以后,整个句子什么意思?

H:不对,前半句是处在困难阶段,后半句是高兴,前后不一致了。那这句不知道填什

么了。

Y:第一感觉是 *on*,*on the stage* 是固定搭配,但填 *on* 以后感觉前后意思不一致。应该找一个表示"不在……范围"的词,想不出这样的词来。这道题不会填。

18. *He longs ________ all to see his family again.*

H:填 *for*。*long for* 是词组。对不对?

I:不对,应该填 *above*。*above all* 做状语,这里是 *long to do sth.* 的用法。

H:喔,这里是陷阱,我以为 *all* 做宾语呢。

Y:这句话我看不出什么意思来,考试的时候就随便填一个吧,填 *to*。

19. *He opened a bank account ________ a false name.*

H:汉语意思是"用",填 *on*。

Y:*account to* 是固定短语,但好像这填 *to* 不对。根据汉语意思应该填"用",填 *with* 吧。

20. *He put his hand ________ her mouth to stop her screaming.*

H:放在嘴上,用 *on*。*on* 是上的意思。

I:还有其他的英语词表示上吗?

H:有,*above*,*over*。

I:那为什么你没用这两个词呢。

H:*above* 和 *over* 表示不接触。这表示放在嘴上,接触了,只能用 *on*。

Y:填 *on*。

21. *He ruled ________ a great empire.*

H:凭语感,填 *over*,表示"统治一个国家"的意思。

Y:看不出句子是啥意思,不知道填什么。

22. *He spread a cloth ________ the table.*

H:表示罩住某物,用 *over*。

Y:填 *on*。"铺在桌子上"的意思。

23. *He was arrested ________ the charge of theft.*

H:*in the charge of* 是固定搭配。填 *in*。

I:*in the charge of* 什么意思啊?

H:忘了。

Y:有一个固定搭配,*in charge of*,填 *in*。

24. *He will go ________ an errand tomorrow.*

H:填 *for* 吧,表示"因为"的意思。这里我不认识 *errand* 这个词。

Y:这句话 *errand* 是什么意思啊,以前见过,忘了。

I:"差事"的意思。

Y:那填 *for*,"为"的意思。

25. *Her behavior was ________ reproach.*

H:填 *in* 吧。好像记得有 *in reproach* 这个短语,具体什么意思忘记了。

Y:不知道这句什么意思,不会。

26. *I am in grade* 6 *and he is in grade* 5. *He is in the class* ________ *me.*

H:此处要表达的汉语意思是低一年级,具体英语中应该用哪个词,不知道。

Y:我在六年级,他在五年级,低一个年级,用 *under*。

27. *I favour soccer* ________ *tennis.*

H:*favour* 是"比……更……"的意思,这填 *than*。

Y:填 *against*,表示"对立、对比"。

28. *I have him* ________ *sight.*

H:*in sight* 是词组,填 *in*。

Y:填 *in*,*in sight* 是固定搭配。

29. *I learnt to drive* ________ *three weeks.*

H:填 *in* 或 *during*,表示一段时间。

Y:填 *for*,表示一段时间。

30. *I would prefer tea* ________ *coffee.*

H:填 *to*,*prefer to* 是词组。

Y:*prefer to* 是固定搭配。

31. *In the country it is forbidden to sell tobacco to children* ________ 16.

H:填 *under*,表示 16 岁以下。

Y:16 岁以下,用 *under*。

32. *It is cold today. The temperature remained* ________ *freezing all day.*

H:按语法来说,*remained* 后面可以直接加形容词,这样的话此处可以不填;也可以填 *in*,表示处于某种状态。

Y:可以填 *to*,*remain to* 是固定搭配;也可以不填,汉语意思没问题。

33. *It is hot today. The temperature has been* ________ *the average recently.*

H:汉语是"超过"的意思,语感上感觉应该填 *above*,填 *over* 不对。

Y:填 *above*,与温度搭配的时候用 *above*。

34. *It is thought that privatization is to be beneficial* ________ *that it promotes competition.*

H:填 *in*,*in that* 是短语,"因为"的意思。

Y:填 *for*,汉语是"因为"的意思。

35. *Let's shelter* ________ *the trees.*

H:*shelter* 是"躲避"的意思,躲在树旁用 *behind*,躲在树下用 *under*,感觉 *under* 语感更强些,填 *under*。

Y:填 *from* 吧。这句话里我不知道 *shelter* 什么意思,感觉填 *from* 合适。

36. *Looking* ________ *the hedge*, *you can see the beautiful garden.*

H:表示"往里看"的意思,填 *into* 或 *inside*。

Y:这个 *hedge* 什么意思啊?

I:篱笆的意思。

Y:那应该找一个表示越过的词语,想不出哪个词是这个意思。不会了。

37. *Mary is not clever because her reading comprehension is* ________ *average compared to*

that of other twelve-year-olds.

H:*under* 或 *below* 都可以,表示程度低。

Y:填 *below*,“低于”的意思。

38. *Mary threw the paper* ________ *the fire.*

H:用 *into*,表示扔进去。

Y:扔进火里,用 *in*。

39. *Most cars run* ________ *petrol.*

H:用某种材料,用 *on*。

Y:汉语意思是烧汽油,以前好像见过这种用法,用 *on*。

40. *Most of the iceberg is* ________ *the water.*

H:按照逻辑,大部分冰块应该在水下吧,这填 *under* 或 *below*。

Y:填 *from*,“来自”的意思。整个句子的意思是冰来自水。

41. *Mr. John was born* ________ *March.*

H:汉语是在三月,应该用 *on*。

Y:填 *in*,固定搭配,几月用 *in*。

42. ________ *my arrival home, I saw my son was watching TV.*

H:*on arrival* 是词组,填 *on*。

Y:填 *on*,“当我到家的时候”。

43. *Now she is reading a novel* ________ 3 *parts.*

H:填 *about* 或 *on*,表示“大概”的意思。

Y:填 *about*,“大约”的意思。

44. ________ *order to get there on time, they decided to go there by plane.*

H:这是词组,*in order to*,填 *in*。

Y:固定搭配,填 *in*。

45. *She is a manager with a staff of* 12 *working* ________ *her.*

H:填 *for*,“为某人工作”的意思。

Y:填 *for* 或 *with*。填 *for* 表示为某人工作,*with* 表示和某人一起工作。

46. *She is leaning* ________ *the wall.*

H:填 *on*,*lean on* 是词组。

Y:固定搭配,用 *on*,“靠着”的意思。

47. *She is sticking a stamp* ________ *an envelope.*

H:贴在上面,填 *on*。

Y:贴在上面,用 *on*。

48. *She likes smoking very much. When I saw her, there was a cigarette* ________ *her mouth.*

H:在嘴里,用 *in*。

Y:填 *in*,汉语意思是“烟在嘴里”。

49. *She pushed all her hair* ________ *a headscarf.*

H:“里面”的意思,用 *in*。

Y:填 *in*,“放在头巾里”。

50. *She put a rug* ________ *a sleeping child.*

H:不知道 *rug* 什么意思,这道题不会。

Y:好像是填 *on*。*rug* 这词不认识,推测一下,整个句子好像是给孩子盖东西,盖在上面,用 *on*。

51. *She was standing* ________ *one foot.*

H:用 *on* 或 *with*,表示用一只脚站着。

Y:填 *on*,以前见过 *stand on* 的用法。人用脚站着,在脚上面,所以用 *on*。

52. *She was struggling* ________ *the weight of three suitcases.*

H:*struggle on* 是词组,填 *on*。

Y:以前见过一个搭配,现在忘了,好像是 *struggle with*,“和……斗争”的意思。这里填 *on*,汉语意思没问题,填 *on*。

53. *She looked* ________ *the manuscript quite carefully.*

H:*look into* 是词组,“仔细看”的意思。

Y:记得有个搭配,是“检查、浏览”的意思,好像是 *look over*。这就填 *over*。

54. *Should a soldier value honor* ________ *life?*

H:填 *of* 吧。不知道这句话什么意思。两个名词之间,感觉应该填 *of*。

Y:填 *over*,“胜过、超过”的意思。

55. *Speak* ________ *English, please!*

H:*speak in English*,填 *in*。

Y:填 *in*,固定搭配,“用英语说”的意思。

56. *The book* ________ *the table is his.*

H:在桌子上,用 *on*。

Y:填 *on*,“在桌子上”的意思。

57. *The book was very popular.* ________ 3 *million copies were sold everyday.*

H:表示数量多,用 *above*。

I:为什么你用 *above* 不用 *over* 呢?

H :*over* 也可以,刚才把这词忘了。

Y:填 *about*,“大约”的意思。

I:还有其他答案吗?

Y:还能填 *almost*,“几乎”的意思;还能填 *over*,“超过”的意思。

I:那填 *above* 可以吗?

Y:不行,我记得 *above* 不和数量连用。

58. *The children are standing* ________ *groups of three.*

H:凭语感觉得填 *in*,好像见过这种用法。

Y:不会,看汉语意思好像是孩子们站成三组,不知道用哪个词表示这个意思。

59. *The girl* ________ *white is my girlfriend.*

H:穿什么衣服用 *in*。

Y:填 *in*,固定搭配,穿什么颜色衣服用 *in*。

60. ________ *the left you can see the palace.*

H:*on the left* 是词组,填 *on*。

Y:固定搭配,填 *on*。

61. *The location of his house is so noisy, because it is* ________ *the main road.*

H:在什么东西上边,用 *on*。

Y:可以填 *near*,“靠近”的意思;还可以填 *on*,“在街上”。

62. *The old man is* ________ *poor health.*

H:*in poor health* 是固定短语,填 *in*。

Y:填 *in*,固定搭配。

63. *The old man lived* ________ *a pension.*

H:填 *on*。靠什么生活用 *on*。

Y:*pension* 什么意思啊?

I:养老金的意思。

Y:那填 *with*,“用”的意思。

64. *The story is based* ________ *fact.*

H:*base on* 是词组。

Y:固定搭配,*base on*,“建立在……基础上”。

65. ________ *the terms of the lease you had to pay the fines.*

H:*in terms of* 是词组。

Y:固定搭配,*in terms of* 是“根据”的意思。

66. *The valley is far* ________ *the tallest peak.*

H:*far from* 是词组。

Y:填 *from*,*far from* 是固定搭配。

67. *The war broke out* ________ *spring.*

H:*in spring* 是词组。季节前面加介词时用 *in*。

Y:填 *in*,“在春天”的意思,固定搭配。

68. *The water was deep. It came* ________ *our knees.*

H:填 *over*,表示“超过”的意思。

I:你认为 *over* 和 *above* 到底有什么区别呢?

H:说不太清楚,好像与动作连用时用 *over*,其他时候用 *above* 多一点。

Y:填 *to*,“到了膝盖那么高”。

69. *The water flows* ________ *the bridge.*

H:在某物的下面,用 *under*。

Y:填 *under*,水在桥下流。

70. *The old town is not here. It lies* ________ *the bridge.*

H:单词都认识,就是不知道整个句子什么意思。不知道填什么。

Y：记忆中有 *lie in* 和 *lie to* 的搭配，但把这两个词放进去都不合适。不知道这道题应该填什么。

71. *There are* 60 *minutes* ________ *one hour.*

H：在一小时内，用 *in*。

Y：固定搭配，*in one hour*。

72. *There are some buildings* ________ *repair.*

H：*in repair* 是词组，填 *in*。

Y：填 *under*，表示处于某种状态，意思是"正在修理"。

73. *There are some dirty marks* ________ *the ceiling.*

H：填 *on*，"在上面"的意思。

Y：填 *on*，"屋顶上"的意思。

74. *There is a bridge* ________ *the river.*

H：桥在河上面，不接触，填 *over* 或 *above*。

Y：填 *over*，河上有桥，用 *over*。

75. *There is a picture* ________ *the wall.*

H：在墙上，用 *on the wall*。

Y：固定搭配，在墙上，用 *on*。

76. *There is a ring* ________ *his finger.*

H：填 *on*，在手上，戒指和手接触了，所以用 *on*。

Y：用 *in*，手在戒指里面，所以用 *in*。

77. *The town is* 2,000 *feet* ________ *sea level.*

H：表示距离远，用 *above*。

Y：用 *above*，表示高于。好像 *over* 也可以，两个都填。

78. *There was a lamp hanging* ________ *the table.*

H：表示不覆盖，用 *above*。

I：你好好想想，到底 *on*，*above*，*over* 有什么区别，好像你前后说的不一致啊。

H：(……想了一会)*on* 表示两个物体接触，*over* 和 *above* 表示两个物体不接触；*over* 有"覆盖或穿过"的意思，*above* 没有这个意思。

Y：表示桌子上方，*above* 和 *over* 都可以。

I：你认为 *over*，*above* 都有什么意思啊？

Y：*over* 表示超过、跨过、多于、在上面(两个物体不挨着)；*above* 表示超过、在上面(也是两个物体不挨着)。

I：你认为 *on*，*in*，*below*，*under* 都有什么意思啊？

Y：*below* 和 *under* 好像没有区别，都是"低于、在下边"的意思；*in* 表示在里面、时间、还有一些固定用法；*on* 表示方式、一些固定用法、在上面(挨着)、时间。

79. *They are climbing* ________ *a wall.*

H：*climb on* 是词组，但是"爬墙"好像不对。没有其他合适词了，就填 *on* 吧。

Y：用 *on*，在墙上爬，好像意思是说他们在攀岩。

80. *They are having an argument ________ money.*

H:表示“关于”的意思,用 *about*。

Y:固定搭配,用 *on*。

81. *They held a large umbrella ________ her.*

H:填 *for*,“为某人打伞”的意思。

Y:用 *over*,伞在人上面,所以用 *over*。

82. *They like swimming ________ the pool.*

H:在什么里面,用 *in*。

Y:在什么里面,用 *in*。

83. *They travelled ________ the continent.*

H:在大陆上,用 *on*。

Y:填 *in*,不知道原因。

84. *This is the highest mountain ________ the world.*

H:*in the world* 是词组,填 *in*。

Y:固定搭配,填 *in*。

85. *To marry the class ________ oneself is one of the best ways for girls who come from worker class to get into the higher class.*

H:*on oneself* 是词组,但填进去意思不对;*by oneself* 也是词组,“凭自己”的意思,但填到句子里感觉很别扭。不知道应该填什么。

Y:用 *over*,表示超过。

86. *Tom got ________ the car and drove away quickly.*

H:填 *on*。*get on* 是词组,“上车”的意思。

Y:固定搭配,*get in*,填 *in*。

87. *Tom is* 31 *and Mary is* 28 *now. That is to say, Tom is ________* 30 *and Mary is ________* 30.

H:前一处是“超过”的意思,填 *above*;后一处是“不足”的意思,填 *under*。

Y:前一处填 *over*,“高于”的意思;后一处填 *under*,“低于”的意思。

88. *We couldn't move the car because a fallen tree was ________ the driveway.*

H:在路上,有 *on the way* 这种表达,填 *on*。

Y:填 *on*,有固定搭配 *on the way*。

89. *We had a pleasant chat ________ a cup of tea.*

H:应该表示时间,填 *in*。

Y:不知道 *chat* 什么意思,好像是盘子的意思吧,填 *below*,盘子在茶杯下面。

I:*chat* 不是盘子的意思,是聊天的意思。

Y:那就填 *in*,表示一段时间。

90. *We have only a little homework every day. It takes us ________ an hour to finish it.*

H:“少于”的意思,用 *under*。

Y:可以填 *about*,“大约”的意思;还可以填 *below* 或 *less than*,“少于”的意思。

91. *The little boy cried ________ his broken toy.*

H：填 *for*。"因为……哭"，填 *for*。

Y：填 *for*，"因为"的意思。

92. *We were flying at highest altitude, way ________ the clouds.*

H：在上面的意思。*over* 和 *above* 都可以吧。

Y：填 *over*，"在云的上面"的意思。

93. *We will have an exam ________ Sunday.*

H：用 *on*。表示时间。

Y：填 *on*，固定搭配，在星期几前面用 *on*。

94. *We will stay in Beijing ________ the New Year.*

H：表示某一天，用 *on*。

Y：按汉语意思看，应该填 *until* 或 *for*。

95. *What have you got ________ your hand?*

H：在手里，用 *in*。

Y：填 *in*，"手里面"的意思。

96. *When she heard the news, Mary was ________ a rage.*

H：好像有一个词组，*in a rage*，但忘记是什么意思了，填 *in* 吧。

Y：*rage* 是什么意思啊？不认识这个词，不会填。

I：发怒的意思。

Y：那这就应该填 *in*，表示处于某种状态。

97. *Which side are you ________ ?*

H：有个词组，*in side*，填 *in*。

Y：填 *in*，在哪一边用 *in*；也可以填 *belong to*，"属于"的意思。

98. *You can cross the river a short distance ________ the waterfall.*

H：*distance* 后面应该加 *to*，但这句话加 *to* 不知道什么意思。找不到其他答案，填 *to* 吧。

Y：填 *under*，不知道什么意思。

99. ________ *your advice I applied for the job.*

H：填 *over* 或 *for*，表示因为的意思。

Y：填 *with*，听了你的建议的意思，表示伴随。

附录三 英语介词习得影响因素调查

基本信息：

姓名________年级________性别________联系方式(电话)________

专业________班级________

上学期期末英语成绩(英语专业填写精读课成绩)________

参加过什么英语等级考试________考试时间________成绩________

1. 您是否喜欢学习英语？

①喜欢 ②一般 ③不喜欢 ④很难回答

2. 和本班同学相比，您认为自己的英语水平怎样？

①很高 ②中上游 ③一般 ④较差 ⑤很差 ⑥无法回答

3. 您现在对英语学习的态度是什么？

①很感兴趣，能在学习中找到乐趣 ②很感兴趣，但不知该怎样学

③只是一门普通的课程，没什么特殊感觉 ④没有兴趣，但又不能不学

⑤讨厌学英语，害怕上英语课，更害怕英语考试 ⑥无法回答

⑦其他________

4. 您学习英语的最主要的动力是什么？(可多选)

①通过课程考试，获得学分 ②获得英语等级证书

③考研或留学 ④不辜负家长的期待

⑤对英美文化感兴趣 ⑥比较欣赏现在的英语老师

⑦无法回答 ⑧其他________

5. 您认为阻碍您英语水平继续提高的最大障碍是什么？(可多选)

①缺乏学习英语的环境 ②缺乏学习语言的天分

③年龄大了，记忆力不如以前了 ④专业课任务重，没有时间学习英语

⑤没人辅导 ⑥目标达到了，不想继续学了

⑦学习英语没有用，不想学 ⑧教学安排不合理

⑨教师教学方法不当 ⑩没有障碍

⑪无法回答 ⑫其他________

6. 您从什么时候(________岁________年级)开始系统学习英语？

7. 您现在是否参加课外英语培训？

①没参加 ②正在参加________课程(或培训)，每周________学时

8. 你现在是否从事有关英语的兼职？

①是，________(类型)的兼职，大约每周花________时间 ②否

9. 您的朋友(包括 QQ 好友、MSN 朋友等)中是否有以英语为母语的人？

①有 ②没有

10. 您是否经常和他们用英语交流？(9 题选②的不回答此题)

①是，大约每周________小时 ②偶尔，大约每周________小时

③很少，大约每周________小时 ④从不用英语交流

11. 您现在经常去英语角吗？

①从来不去 ②去，每月大约________小时

12. 您是否喜欢读英语课外读物，是否经常阅读英语读物？

①非常喜欢，每周大约花________小时阅读　②喜欢，但现在没有时间或没有条件看

③一般，偶尔看看，大约每周花________小时　④不喜欢，也从来不看

⑤无法回答　⑥其他________

13. 除以上学习方式外，您课下是否自学英语？

①从不学习

②仅完成老师留的作业

③偶尔学习，一般在________(时候/情况下)学

④编制好学习计划，坚持按照计划学习

⑤有学习计划，但不能完全遵照

⑥其他________

14. 您每周大约学习________小时英语。(13 题选择①或②的，不回答此题)

15. 您课下都采用哪种方式自学英语？(可多选，13 题选择①或②的，不回答此题)

①背诵词汇　②做模拟考题　③听英语听力

④阅读英语文章　⑤坚持用英语写日记　⑥其他________

16. 您认为英语中哪类词最难掌握？(可多选)

①名词　②动词　③形容词　④介词

⑤副词　⑥其他________　⑦无法回答

17. 您通常采用下列哪些方式记忆英语单词？(可多选)

①照着词表背单词　②通过上下文理解记忆单词

③通过分析词语构成记忆单词　④通过发音记忆单词

⑤通过词语搭配记忆单词　⑥其他________

18. 看到一个单词以后，您最先想到的会是这个单词的哪些方面？(可多选)

①汉语意思　②词语所代表的实际物体、概念、动作等

③词语的常用搭配　④词语的发音

⑤这个词语在各种考试中的常考点　⑥其他________

19. 您识记一个单词时，要求自己做到哪几点？(可多选)

①正确地拼写出来　②以公认的方式读出它

③把它与相应的实物或概念联系起来　④知道它的正确搭配形式

⑤以适当的语法形式应用它　⑥随时回忆其词义及形式

⑦搞清同义反义关系和上下文关系等　⑧明白它的内在含义及其关联意义

⑨能将它用于适宜的语体及适当的语境中

20. 在阅读英文文章时，您是否边阅读边翻译？

①是，通常以对应的汉语理解文章的意思

②偶尔边阅读变翻译，一般是在________时候这样做

③不是，用英语的思维形式

后　记

时光荏苒,结束博士学习生活至今已近八年。虽然离开了美丽的中央民族大学校园,别离了敬爱的导师王远新教授,与可爱的同门天各一方,但博士求学阶段的生活仍历历在目。

带着对知识的渴求与人生的梦想,2005 年我重返校园攻读硕士学位。由于对语言学知之甚少,误打误撞选择社会语言学作为研究方向。其间虽有波折,但总体顺利,也慢慢喜欢上这一学科。硕士毕业后幸运地来到中央民族大学,并在王远新教授的指导下攻读博士学位,依旧选择社会语言学作为自己的主攻方向。王远新教授是国内语言学大师,在语言态度研究、语言使用研究、语言变异研究以及普通语言学领域都有很深的造诣。有这样一位大师做导师,我对从事社会语言学研究充满期待。但在博士学位论文选题时却遇到了困难。考虑到今后最可能的工作岗位很可能与英语教学有关,博士学位论文的内容最好与英语相关。在中国语境下研究社会语言学,内容还要与英语相关,要找到这样的选题,对我来说着实是一项挑战(实际上直到今天我也没有找到二者最自然、最贴切的结合点)。后来王远新教授告诉我,可以选择用社会语言学的研究方法探讨英语教学类的研究内容,这样也属于二者的结合。在导师的指导下遂研读当时较为新颖的英语教学类的文献。几经修改,最终选定“汉语母语大学生英语空间介词习得研究”作为博士学位论文选题。经过一年多的努力,我完成了博士学位论文的写作,顺利通过匿名外审和博士学位论文答辩。

毕业后进入华北理工大学工作。教学之余一直思考如何进一步丰富博士学位论文的研究。在不断摸索中发现,将研究内容扩展至比较外语空间概念习得与母语空间概念习得的异同,以此探讨不同民族认知能力的共性和差异,这样的研究更有意义。方向明确后2014 年确立了“英汉空间概念习得的多维比较研究”的研究选题。经专家评审,该选题成功获得“河北省哲学社会科学”立项资助。

获得课题立项后,本打算静下心来认真研究这一选题,但在实际研究过程中发现,教学科研以及日常琐事实在太多,加之课题研究周期紧,要想完成自己预定的所有研究内容,简直是一件不可能的事情。2016 年 6 月完成课题主要研究内容后,评审专家组同意课题结项。

虽然拿到了结项证书,但这一研究任务在我心中并没有结束,我仍在寻找机会进一步丰富该研究。2017 年 9 月调离华北理工大学来到天津城建大学工作后,上下班的奔波少了一些,琐事少了一些,又有机会思索这一研究议题。经过长时间的准备,终于将这部书稿整理完成,才有机会将这一成果呈现在大家面前,也为我的博士学位论文以及“英汉空间概念习得的多维比较研究”的课题研究画上一个句号,甚感欣慰。

此次完成的书稿比博士学位论文有了一些进步,但我明白研究认知和语言习得并非我的强项,书中难免有一些不妥之处,恳请学界的朋友不吝批评与指正。

完成书稿的过程中得到了家人、师长、同门及朋友的帮助。感谢妻子谭迎春女士默默的奉献与支持；感谢恩师王远新教授、黄行研究员、Ghi'lad Zuckermann 教授多年的指导；感谢同门及朋友曹红梅博士、李东伟博士、朱瑶瑶博士、何力副教授、张淑梅教授多年来的帮助；还有很多好友，他们在我的生活和工作中给予了太多无私的帮助，无法全部列出他们的名字，在此一并表示感谢。

姚春林

己亥二月初二于地丰里陋室